ÎNTOARCE-TE LA TINE

când nu mai știi cine ești

pentru femeia care vei deveni

București, 2019

MONICA MIHAI

ÎNTOARCE-TE LA TINE

când nu mai știi cine ești

Descrierea CIP a Bibliotecii Naţionale a României
MIHAI, MONICA
Întoarce-te la tine când nu mai ştii cine eşti : pentru femeia care vei deveni / Monica Mihai. - Ed. a 2-a, rev.. - Bucureşti : Bookzone, 2019
ISBN 978-606-9008-13-3

159.9

Corectura: Violeta Eremie
DTP: Prosperity Exprim SRL (Felicia Drăguşin)
Coperta: Bogdan Ionuţ Gurău

Editura Bookzone

Şoseaua Berceni, nr. 104, sector 4, Bucureşti

Redacţie: 0774.091.579

Distribuţie: 031.433.51.56

office@bookzone.ro

E-mail: contact.femeiacocheta@gmail.com

Mulțumesc
fiecărui om
care a făcut parte
din viața mea
și datorită căruia
eu sunt astăzi
tot ceea ce altă dată
doar îmi imaginam că pot fi!

PREFAȚĂ

Această carte este pentru tine și pentru mine, femei amândouă!

Este pentru noi, cele care am uitat, la un moment dat, să ne punem pe primul loc în viețile noastre și care ne-am pus cu bună știință de prea multe ori sufletul la picioarele oamenilor care ni l-au vrut sus, păstrat în noi, și nu jos, să le fie lor preș, piedestal de odihnit picioare sau de scuturat noroiul de pe bocanci.

Este pentru noi, cele care am învățat că experiențele multe creează valoare și povești de succes, mai ales atunci când sunt trăite și simțite pe centimetru cub de suflet. Este pentru noi, cele care știm că se poate și altfel!

Pentru noi, cele care ne-am ridicat mai pregătite și mai feminine după fiecare piedică pe care ne-a pus-o viața. Și pentru noi, femeile, care alegem să mergem înainte cu capul sus, cu demnitate, cu voce blândă și cu o inimă caldă.

Pentru noi, femeile, cele care avem în suflet izvoare nesecate de iubire… de dat mai departe, necondiționat!

INTRODUCERE

Femeie dragă,

Înainte să citești rândurile pe care le-am scris pentru tine, aș vrea ca tu să știi că, prin această carte, îți fac cel mai de preț cadou pe care aș putea să ți-l ofer vreodată, și anume... bucăți din sufletul meu!

Ai să te regăsești în cuvinte, ai să te simți în pagini și ai să te retrăiești în lacrimi de femeie care a reușit!

Viața mi-a făcut cel mai de preț cadou, acela de a-mi descoperi misiunea! M-a aruncat în experiențe de oameni mari atunci când eu eram încă un om mic. M-am descoperit pe mine în toate femeile pe care le-am întâlnit, de la fiecare am luat câte o părticică și am ajuns să mă simt completă după o serie lungă de căutări. Și câte mai sunt încă de trăit!

Dar cel mai bine mi-a fost în momentele în care m-am închis în mine și m-am obligat să petrec timp cu temerile mele de femeie. Și au fost destule așa momente!

Şi tu strigi după ajutor atunci când ți-e greu, nu-i așa? Și parcă-i mai ușor totul atunci când lângă tine e un om drag care să-ți mângâie sufletul cu vorbe înțelepte.

Dar dacă nu-i nimeni acolo şi tu eşti singură?

Da, ştiu cum se simte singurătatea de sine, la fel cum la capătul opus am descoperit, din plin, încrederea și iubirea de sine. Și, în toate câte le-am trăit, nu a fost nevoie decât de un singur om... de mine! Iar dacă eu am reușit, și tu ai să poți!

Oprește-te puțin și privește-ți mâinile delicate! Acum apropie-le una de cealaltă! Unește-le într-un întreg perfect și simte puterea deplină pe care o ai deja în viața ta. Femeie, tu știi cine ești? Ești creatoare, regină, stăpână, miracol și sursă de frumusețe! Restul sunt doar detalii! Tu ești tot ce contează!

Pentru tot ce ești și pentru tot ce vei deveni, sunt mândră de tine și cred în puterea ta de femeie!

Și... o să fie bine! Este deja!

Monica

Într-o zi m-am privit, plângând,
în oglindă
și mi-am strigat tare în suflet:
Atunci când voi avea o fată
îi voi spune așa...

Unde să te ascunzi atunci
când fugi de tine?
Câte haine groase să îți pui
peste suflet
atunci când ți-e frig tare?

Mai presus de cuvinte, viața e despre emoții!

Am căutat mereu un curs de dezvoltare pentru suflet, un training pentru inimă, un workshop practic care să mă învețe cum să fiu fericită în fiecare zi cu mine, cum să nu mai am așteptări de la ceilalți, cum să ofer iubire și cum să nu mai aștept să o primesc de acolo de unde știu că nu o să vină niciodată.

Am căutat scurtături pentru suferință și parcă tot mai tare m-am afundat în explicații, în metode, în pași de lucru. Și toate încercările, fără excepție, m-au dus în același punct. În inima mea.

Unde să te ascunzi atunci când fugi de tine?
Câte haine groase să îți pui peste suflet
atunci când ți-e frig tare?

Am fost odată o femeie timidă, cu multe frici și cu multe complexe. Dar cu o dorință mare de a reuși. Mi-am dorit să construiesc ceva măreţ care să rămână și după ce eu nu o să mai fiu, ceva care să păstreze părți din mine și să le aducă la un loc într-un întreg perfect. Și în toate câte le-am făcut m-am căutat pe mine. Uneori, m-am găsit la fel de speriată ca atunci când eram copil. Poate chiar mai speriată. Alteori, m-am descoperit frumoasă și puternică. Au fost zile în care am plâns, dar au urmat și zile în care am râs cu lacrimi de fericire. Și în toate câte le-am trăit până acum, am făcut cunoștință cu emoțiile!

Pe prima am aflat că o cheamă **iubire** și imediat a apărut **curiozitatea**. Au urmat pe rând, dar nu la distanță foarte mare una de cealaltă, **teama, eșecul, greșeala, așteptările, neîmplinirea, dezamăgirea, suferința, tristețea,** ba chiar, la un moment dat, am avut parte de frânturi de **ură, gelozie, invidie, frustrare, inferioritate.** Au venit să completeze perfect lista **vinovăţia și rușinea.** Și au reușit!

Dar, printre cele de mai sus, mai multe mi-au fost momentele încărcate cu **fericire, împlinire, satisfacție, mândrie, liniște, îndrăgostire, nerăbdare, dorință, entuziasm, motivație, putere, optimism, curaj, râsete, prietenie, admirație și succes.**

În viața pe care tu o să ți-o construiești, o să te întâlnești cu o parte dintre aceste emoții, cu toate sau poate cu altele, diferite. Și atunci când ele vor apărea grăbite, una câte una, tu să nu te sperii, ci să le înfrunți curajoasă! Pentru că deja vei fi învățat despre ele din paginile pe care eu astăzi le scriu pentru tine.

În fiecare zi, să deschizi pagina acolo unde sufletul tău găsește alinarea și unde cuvintele mele îți sunt sursă de putere. Pentru că de astăzi, din acest moment, tu nu mai ești singură și nici n-ai să mai fii vreodată! Îți sunt alături în fiecare rând. Și nu mai plec!

Pentru că de multe ori eu am trecut prin ele, ție vreau să îți fie mai ușor. Și chiar dacă nu am să-ți pot scurta suferința și tristețea și n-am să le pot duce eu în locul tău, măcar să ştii că și altcineva înaintea ta a fost pe drumul ăsta. Și a reușit! Și dacă eu am putut, ai să poți și tu! În ritmul tău, în timpul tău. Sunt lângă tine, te țin de mână și îți ghidez pașii spre acolo unde este locul tău, lângă oamenii care să te ajute să te dezvolți, în situațiile de viață în care să poți oferi maximum din ceea ce ești și din ceea ce vei deveni.

Mama

Atunci când voi avea o fată,
îi voi spune că...

Mama, sunt aici! Ce vrei să-mi spui?

Știi, cele mai profunde trăiri le-am avut atunci când m-a durut sufletul.

Și acum te mai doare?

Într-un fel, și acum. Dar hai să lăsăm dorul să construiască punți către amintiri frumoase. Să ne întoarcă la părți din noi în care eram odată și cum astăzi ne este doar trecut. Hai să asociem dorul cu fericirea învățării, și nu cu tristețea timpului trecut.

Și cum poți face asta?

Nu știu. Dar în paginile care urmează o să aflăm împreună.

Dacă astăzi ai putea să te întorci în trecut și să-ți alegi tu viața pe care vrei să o trăiești, ce viață ți-ai alege?

Aș păstra-o tot pe a mea.

Deși a fost cu suferință și cu regrete?

A fost și cu fericire. Multă. Hai să îți spun o poveste!

Nu-mi plac poveștile.

Nici mie. Dar împreună putem scrie una care să ne placă.

Mama, plângi! Ahhhh! Până la urmă, observ că și fericirea, și tristețea au ceva în comun, lacrimile. Zău că nu înțeleg cum vine asta! Plângi cu aceleași lacrimi, dar în spatele lor se ascund emoții diferite.

Draga mea, lacrimile de fericire sunt cu bătăi de inimă, cu fluturi în stomac și cu senzație de împlinire în tot corpul.

Și cele de tristețe?

Alea-s cu neputința de a schimba ceva ce nu poți schimba, ceva ce nu ține doar de tine. În care mai sunt implicați și alții. Vezi tu, ar trebui să fie doar cu acceptare și cam atât. Dar lacrimile au grijă să mai aducă cu ele și dorința de a fi altfel decât este.

M-ai pierdut pe drum.

Ai să înțelegi mai bine atunci când ai să mai crești.

Atunci învață-mă să cresc frumos! Vreau să cresc frumos și să fiu fericită!

Vrei să îți spun ceva? Tu ești deja o femeie frumoasă și fericită. Doar că încă nu te privești din unghiul potrivit.

Cum adică? Există un punct din care să te privești și asta-i tot? Te vezi frumoasă și ești și fericită? Unde-i?

Se numește experiență. Și asta vine odată cu lecțiile învățate.

Atunci hai să învățăm toate femeile să fie frumoase și fericite! Haaaaai!

Eu am început deja să fac asta. Și dacă tu ai să duci mai departe acest mesaj, împreună vom ajuta cât mai multe femei să aibă o viață împlinită.

Daaaaaaaa! Dacă fiecare femeie învață cel puțin o altă femeie cum să fie fericită și frumoasă, nu o să dureze mult timp și toate femeile din lumea asta vor fi fericite. Cum facem asta? Hai să construim un plan!

Planul se numeșteeeeeeee... Cum să se numească? Să mă gândesc puțin.
Să îi zicem... SIMPLITATE.

Atât?

Atât. Simplitatea de a te întoarce la tine atunci când ai obosit să cauți în jurul tău fericirea.

Hai să vorbim despre iubire! Și pentru el, dar și pentru tine!

Noi, femeile, avem tendința să complicăm lucrurile pentru că ne plac provocările și, mai mult decât atât, ne place senzația pe care ne-o oferă rezolvarea unei provocări. Devenim dependente de acea senzație și, fără să ne dăm seama, căutăm inconștient cât mai multe probleme.

Pe lângă asta, suntem învățate că trebuie să muncim ca să primim laude și recompense. Că trebuie să merităm fericire și iubire. Și așa învățăm să ne construim un plan complicat de viață, cu multe variante și plin de presupuneri și scenarii. Când viața este despre simplitate.

Bărbații par să se priceapă mai bine la asta. Unii dintre ei reușesc să ne învețe cum să fim fericite cu ei alături. Alții ne învață cum e cu fericirea în lipsa lor. Dar în ambele dăți e despre simplitatea lucrurilor. Știi cum e cu relaţia perfectă? E ca un pahar plin cu apă.

Nu înțeleg!

Atunci când torni apă într-un pahar plin, ce se întâmplă cu apa adăugată în plus?

Păăăăăăi, curge afară din pahar, nu?

Exact! Nu mai are loc în pahar. Pentru că el este deja plin. Și orice ai turna din afară nu intră înăuntru. Ci se varsă. Atunci când doi oameni se iubesc, ei aduc în paharul lor tot ce au mai bun și mai frumos și scopul lor comun devine ca paharul să fie plin.

Și dacă unul dintre ei uită să mai toarne apă în pahar, ce se întâmplă?

La început, celălalt încearcă să compenseze lipsa și muncește de două ori mai mult până când obosește. Și atunci renunță și el să mai adauge apă în pahar.

Și cu paharul cum rămâne?

Fie se golește, fie apar alte personaje care să îl ajute să fie din nou plin.

Mama, aș vrea așa mult să pot înțelege mai bine decât o pot face acum! Oare o să țin minte toate discuțiile astea pe care le avem noi acum?

Nu ştiu! Dar cu siguranţă ai să le găseşti mereu scrise în toate paginile astea.

Chiar! Mai ții minte când am căzut prima dată și m-am lovit tare?

Cum aş putea să uit!?

Deși eram mică, îmi amintesc atât de clar ce mi-ai spus ca să mă opresc din plâns. Mi-ai zis așa: fata mea, lacrimile tale sunt atât de valoroase, încât nu merită să le irosești pe o simplă căzătură. Păstrează-le mai bine pentru momentele de fericire! M-ai luat în brațe și eu am început să râd. De mine, de situație, de tot. Așa-i și când te doare sufletul?

Așa cum?

Deși simți că te doare, cum mă durea pe mine rana aia, îți amintești că nu trebuie să le irosești și că trebuie păstrate pentru momentele de fericire?

Așa ar trebui să fie. Doar că atunci când durerea-i mai mare decât rațiunea, principiul lacrimilor fericite nu pare să se mai aplice.

Dar înseamnă că se aplică altceva, nu? Că doar nu o să rămâi cu durerea aia în suflet mereu. Că și ea trebuie să aibă un leac. Și chiar de n-ar exista, tot s-ar trece de la sine.

Și ce bine pari să înțelegi, copilă! Aș vrea totuși ca tu să nu cunoști niciodată durerea asta. Dar știu că e imposibil!

Eu am un plan de atac, mamă! Cum o să simt că vine, o să-i spun că nu îmi place de ea și că nu o să-mi irosesc eu lacrimile prețioase pentru o simplă durere. Că eu am altele de trăit!

Draga mea dragă! Te iubesc atât de mult!

Atunci când am început prima dată să fac cunoștință cu complexele, m-am simțit copleșită. Aveam impresia că toate se adunaseră grăbite la mine. Nici nu trebuia să caut prea mult în viața mea că în maxim două minute enumeram o listă întreagă.

Dintre toate durerile pe care le-am simțit în corpul meu, cel mai tare m-a durut neputința. E ca atunci când ești legată de mâini și de picioare și nu poți face nicio mișcare ca să ajungi în locul în care… simți că este locul tău. Și toată durerea asta a neputinței îți este amplificată de faptul că în tot acest timp în care nu te poți mișca tu vezi și auzi. Pentru că nici ochii și nici urechile nu-ți sunt acoperite. Și nici inima.

Mama, cum o să știu care este iubirea adevărată? Dacă nu o s-o recunosc și o să fug de ea? Dacă o s-o pierd și nu o să mai apară niciodată? Mi-e frică să nu greșesc!

Draga mea, iubirea și frica stau în colțuri opuse. Așa-s de departe una de cealaltă, încât nu se întâlnesc niciodată. Când o să îți fie frică, atunci tu să știi că nu este iubire. Când, însă, o să simți că ai muta munții din loc, că nimic nu-i prea greu sau imposibil, când nici măcar un gând urât nu poți avea pentru el, atunci este iubire și atunci să știi că el este omul tău drag. Și ce frumos ar fi ca și el să simtă la fel!

Știu cum e să vrei
și să nu fii vrută!

Dar mai știu și că
Acolo nu e capătul!

Și dacă el nu o să simtă la fel, mama? Ce o să fac?

Atunci, tu să fii recunoscătoare că ai făcut cunoștință cu iubirea adevărată și că ai simțit-o în fiecare parte din corpul tău!

Și asta nu doare? Să iubești și să nu fii iubită?

Durerea și acceptarea fac echipă bună, să știi! Dacă vei ajunge să trăiești experiența unei iubiri cu sens unic, lecția ta va fi despre necondiționat și despre acceptare. Pentru că, vezi tu, fata mea, oricât de mult ai să simți că poți iubi pentru amândoi, nu îl poți obliga pe celălalt la nefericire. Tu poți decide doar în dreptul tău, iar alegerile le poți face doar pentru viața ta.

Hai să-ți povestesc ceva! Atunci când eram de vârsta ta, îmi imaginam că bărbatul vieții mele o să fie exact varianta mea masculină, că o să mă oglindească în tot și în toate, dar că o să mai aibă ceva în plus. Că în fiecare moment al vieții mele, ochii mei o să-l vadă cel mai puternic și cel mai deștept bărbat din toată lumea asta. Și, cu el de mână, orice ar putea să apară în calea noastră ar fi ușor de trecut.

Trebuie să recunosc că bărbatul ăsta s-a lăsat ceva timp așteptat, însă atunci când a apărut, a fost cu emoții atât de intense, încât am simțit că locul meu este lângă el. Și din primul moment în care m-a luat de mână, am știut că nu o să îmi mai dea drumul niciodată. Și că dacă totuși o s-o facă, eu o să-l prind din nou.

Pentru că atunci când este omul tău, ți-e drag să-l ții de mână prin viață și cu zâmbet de fericire pe buze, și cu lacrimi de neputință în suflet. Ți-e drag să-l ții și atât. Pentru că undeva acolo, în fiecare colț din tine, simți și știi că, indiferent de provocări, o să vă țineți de mână mereu.

Ce frumos mi le povestești tu, dar știi ce aș mai vrea să știu eu, mama? Iubirea adevărată are termen de valabilitate? Cât durează ea sau nu știu cum să îți explic ca să mă înțelegi. Rămâne la fel, se transformă în altceva? Cum e cu iubirea asta pe termen lung? Chiar e pentru toată viața?

Și dacă ai ști cât durează, ce farmec ar mai avea? Ar putea să te bucure ceva ce știi că durează doar până într-o zi? Ceva ce are finalitate?

Nu știu! Dar mi-ar aduce cu certitudine liniște și… siguranță!

Vezi tu, draga mea! Iubirea însăși e siguranță și, în același timp, nesiguranță. Granița dintre ele două e dată doar de felul în care vei alege tu să privești relația și pe omul tău drag.

M-ai pierdut pe drum!

Stai liniştită! Ai să te regăseşti la momentul potrivit!

Se zice că iubirea e pur şi simplu o stare care te împlineşte la nivel de măiestrie dacă o trăieşti necondiţionat şi fără aşteptări. Ea îţi devine muză, sursă de inspiraţie, ancoră de putere, obiectiv pe termen lung, scenariu ideal şi pare să îţi fie suficientă să te ridici de fiecare dată atunci când viaţa îţi face cunoştinţă cu tot ce are ea de oferit.

Uneori, însă, au fost şi momente când am căzut sufleteşte şi m-am simţit goală. Şi durerea asta de interior e al naibii de diferită de rănile pe care le duce corpul de-a lungul vieţii. Durerea de suflet nu pare să aibă un sfârşit şi un început şi nu ştii de unde să o apuci, ce să faci cu ea, unde să o ascunzi ca să nu se mai simtă. Şi de-ar exista o metodă prin care să o iei cu mâna, cu mai multe mâini, cu toate câte există, să o scoţi din tine, să o arunci departe, departe tare, atât de departe, încât să simţi şi să ştii că nu se va mai întoarce niciodată la tine!

Am simţit durerea din suflet cum ţipă tare atunci când m-am privit în oglindă şi nu am putut să îmi opresc lacrimile de neputinţă cu nicio întrebare înţeleaptă pe care, în alte condiţii, i-aş fi pus-o celei mai bune prietene sau vreunei cliente la coaching, dacă s-ar fi aflat într-o situaţie similară. Am simţit durere la nivel de centimetru cub de suflet și încercam să aprind o lumină în interiorul meu și să caut ceva de care să mă agăț ca să am puterea să merg mai departe. N-am reușit din prima, nici din a doua. Ba chiar am pierdut numărătoarea. Însă nu m-am dat bătută! Sunt o luptătoare și cumva, cu toată neliniștea din suflet, eram încrezătoare că și de data asta o să pot. Că nu așa aleg să se termine povestea mea.

Atunci m-am luat pentru prima dată în brațe și m-am ținut strâns. Singură, cu mâinile mele mici și fragile și cu o iubire pentru mine cum nu mai simțisem niciodată până atunci! Mi-am privit chipul plâns în oglindă și chiar și atunci ochii mei m-au văzut frumoasă. Cea mai frumoasă!

Trebuie să fiu bine! Nu am altă variantă! Nu există altă variantă! Eu trebuie să fiu bine! mi-am strigat tare, în același suflet de femeie, căzut pe jos și spart în mii de bucăţele. *Sunt mai mult decât atât!* completă vocea mea interioară de femeie care refuza să se oprească acolo în rol de victimă. *Acum nu este decât un moment! Și asta va trece! Important este cum îl fac eu să treacă și, mai mult decât atât, ce am să fac eu după ce el va trece! Ce învăț despre mine, ce rămâne până la urmă din toate astea? Vreau să fiu fericită și asta depinde numai de mine!*

M-am ridicat apoi de jos, mai puternică decât niciodată până atunci, și am mers mai departe în viața mea frumoasă.

În ce se măsoară suferința?
Are aceeași unitate de măsură
ca iubirea?
Și dacă se măsoară la fel,
matematic vorbind, ce atârnă
mai greu în suflet,
1 g de suferință sau 1 g de iubire?

Pentru că-s așa momente
când viața te face să cântărești
cu sufletul 1 g de suferință
ca să poți trăi cu inima
1 g de iubire!

Într-o zi, veneam de la școală și m-am oprit în parcul nostru preferat. Acolo unde îți plăcea ție să ne dăm amândouă în leagăn și să cântăm piesa aia ciudată, cu femeile cu super puteri: *„Pentru că sunt femeie, pentru că sunt frumoasă, vreau și pot! Vreau și am! Pentru că sunt femeie, pentru că-ți par fițoasă, vreau și pot! Vreau și am!”* ***Chiar! Nu te-am întrebat niciodată cine cântă piesa asta!?***

Nici n-aș fi știut să îți răspund, pentru că am inventat-o într-o noapte când dormeai și te priveam cât ești de frumoasă și câtă putere îmi dai tu doar pentru că existi.

Mamaaaaaaaaaa!

Știi, tot ce îți spun acum îți ziceam și atunci când erai mică. Vorbeam mereu cu tine, și tu îmi dădeai senzaţia că înțelegi și că mă asculți cu atenție. Uneori, atunci când dormeai, îți spuneam tot felul de chestii mai complexe, de viață, de relații, de iubire, pentru că mereu am crezut că între mamă și fiică există o conexiune mereu vie, trează, mai presus de momente, de distanță sau de stare de conștiență. Atunci când ai crescut și ai început să îmi pui tot felul de întrebări, răspunsurile mele au devenit mai profunde, și acum, când ești mare și le înțelegi altfel și le cântărești cu sufletul, răspunsurile mele ți-au devenit o carte.

Pe care să o deschizi mereu atunci când îți este dor de mine și de tine, cea care ai fost odată! Și să o deschizi la pagina care îți va face viața mai frumoasă și care îți va aduce lacrimi în ochi! Dar doar de fericire! Și ai o carte cu pagini pline despre noi!

Dacă te-ai privi prin ochii mei,
dacă te-ai simți cu sufletul meu
și dacă te-ai trăi cu inima mea,
nimic nu ți-ar mai părea prea greu
sau imposibil!

Pentru că eu cred în tine,
așa cum, dacă și tu ai face-o,
acum ai fi deja sus de tot,
acolo unde este locul tău!

Mama, știi de ce îmi este mie cel mai frică? Mi-e frică tare că o să iubesc așa mult și o să îmi doresc iubirea aia toată viața mea! Și dacă o să plece? Dacă nu o să mai fie la fel? Dacă nu o să pot să fac nimic și doar o să privesc neputincioasă cum tot ce iubeam odată își pierde forma, conținutul, esența? Mama, dacă am să devin dependentă de o iubire frumoasă și nu am să mai știu să fiu eu în lipsa ei?

Iubirea, ca și oamenii, se schimbă! Însă, vezi tu, schimbarea nu înseamnă neapărat ceva greșit. Schimbarea poate să însemne la fel de bine evoluție, dezvoltare, alt nivel. Atunci când ai să găsești o dragoste care să te împlinească și care să îți umple fiecare colț din tine, să nu faci nimic! Doar să o simți! Să o trăiești atât de intens, încât, dacă se va întâmpla vreodată ca ea să treacă, tu să rămâi plină de ea!

Dar nu doare să pierzi ceva din tine?

Aș minți să spun că nu doare! Și încă cum se simte asta… dar să-ți amintești că acolo unde este durere este și un antidot! Nu o să îți rămână sufletul plin cu durere!

Atunci înseamnă că nici cu iubire nu o să îmi rămână?

Pentru iubire nu-s reguli! Nici teorii! Pentru că, și dacă ar fi, oricum nu s-ar potrivi pentru fiecare tip de suflet!

Mai ții minte când ți-am povestit despre prima mea iubire mare? Despre băiatul care îmi intrase în suflet fără să vreau, fără să i-o cer și pe care îl întâlnisem pur și simplu întâmplător prin viață fără ca măcar să îl caut? Băiatul acela, mamă, de care m-am simțit atât de plină, de parcă era acolo dintotdeauna! Ai avut vreodată sentimentul că o persoană îți devine parte din tine?

Te referi la senzația aia în care toată te simți plină de el și așa de mult iubești sentimentul ăla de apartenență, că nu lași pe nimeni să te atingă ca nu cumva să îți ştească urmele de el și de voi? Daaaaaa! Și atunci am știut că el este bărbatul vieții mele!

De-aș fi știut și eu cum să fac să păstrez iubirea aia! Nu e drept, știi? Că nicăieri nu scrie cum să faci, ce să zici ca să nu greșești și să fii fericită alături de omul pe care îl iubești! Deși, să-ți spun sincer, mama, eu tot mai simt liniștea aia în suflet că o să fie bine! Că o să se întoarcă și o să mă vrea.

Fata mea, pe scurt, uite cum e cu iubirea în cel mai simplu mod posibil. Nu-i nevoie de planuri prea complicate, de strategii bine puse la punct sau de vreun comportament atent studiat. Iubirea este despre autenticitate, pur și simplu, despre a fi așa cum ești tu în cea mai naturală stare posibilă. Tot ce trebuie să faci este să te cunoști bine pe tine, să îți știi valorile și să îți stabilești standardele, să ți le respecți și, automat, și cei din jurul tău se vor alinia în funcție de ele.

Dacă tu nu ai standarde și nu îți știi valoarea, este foarte probabil să fii subapreciată și să ți se pună un preț prea mic. La fel cum este posibil să fii supraestimată și să ți se dea un statut care îți va deveni greu de dus, care va pune presiune pe tine să te ridici la nivelul așteptărilor celorlalți.

Tu să ai așteptări doar de la tine și să faci tot posibilul să nu te dezamăgești pe tine. Și dacă fiecare face asta în dreptul lui, se știe pe sine și se dezvoltă frumos, totul devine ușor și natural, fără efort și fără energie consumată în zadar. Și ține minte asta:

Atunci când ai obosit să cauți în
jurul tău, întoarce-te la tine
și dă sens și vieții tale!

Păstrează-ţi preţul întreg! Tu nu ai voie să fii la reducere!

Cu toţii uităm să ne punem pe primul loc în vieţile noastre! Diferenţa este că unii îşi amintesc mai devreme să se întoarcă la ei, alţii o fac mai târziu, iar restul nu se mai întorc niciodată! Şi fiecare are motivele sale!

Unii nu vor să se mai întoarcă la ei pentru că ştiu ce au lăsat acolo şi le place mai mult ce găsesc în ceilalţi, alţii ar vrea să se întoarcă, dar nu mai ştiu nimic despre ei pentru că s-au pierdut prea mult în ceilalţi!

Eu am uitat de multe ori de mine, deşi, conştient, mi-am promis că nu o mai fac niciodată! Şi de fiecare dată, fără excepţie, atunci când am renunţat la mine, la a mai fi cea mai importantă în viața mea, au renunțat și ceilalți să mă mai vadă importantă în viața lor!

Dar nu înțeleg, mama! Cum e posibil?

Nu te-ai fi așteptat la asta, nu? Ai fi zis că dacă renunți la tine și te pui în slujba celorlalți și oferi și te implici tot mai mult, viața va fi generoasă și îți va oferi un feedback care să te umple de împlinire și de fericire! Se prea poate! Ce uităm însă este că în timpul acesta, cât noi suntem preocupate să investim doar în ceilalți, fără să investim și în noi, automat, noi rămânem în urmă! Pentru că oamenii în care noi alegem să investim timp, emoții, bani, interes nu-s obligați să ne întoarcă acțiunile în oglindă și să investească și ei în noi! Viața nu este o continuă reciprocitate! Fiecare om are dreptul și libertatea de a face propriile investiții, în conformitate cu tot ceea ce este important pentru el.

Și atunci, mami, ce-i de făcut? E greșit să oferi? Să investești în ceilalți?

Nu! E greșit, în schimb, să nu mai investești și în tine și să te concentrezi doar asupra celorlați! Ce vreau eu să ții minte este că:

- ♥ Atunci când tu uiți de tine, uită și restul! Așa că adu-le aminte de tine într-un mod frumos.

- Atunci când tu nu mai ai încredere în tine, nu mai ai încredere nici în ceilalți. Şi chiar dacă ei au încredere în tine, tu nu-i crezi pe cuvânt și le ceri continuu să îți demonstreze că au dreptate! Până când ei se satură și pleacă! Și îți demonstrezi singură că ai avut dreptate! Că doar asta îți și doreai, de fapt, nu? Autosabotaj se cheamă. Să nu te împrietenești cu el și să păstrezi mereu doar o relație formală cu el. Nu-ți este folositor pe termen lung, așa că nu investi prea mult timp și energie în direcția asta.
- Atunci când tu nu mai dai doi bani pe tine, pe sănătatea ta, pe felul în care arăţi, pe felul în care se desfăşoară viața ta, te pui automat în rolul de victimă și ce crezi că vei atrage în jur? Corect! Salvatori de toate tipurile! Și nu, aici nu-i vorba de Făt-Frumos sau de Prințul din poveste! Salvatorul pe care îl atrage o persoană nefericită este un agresor sau tot o victimă care caută inconștient să își mențină, la fel ca și tine, nefericirea cu care este obișnuit! Frumoasă asociere, nu? Victimă-agresor sau victimă-victimă! Crezi că poate ieși ceva extraordinar de aici? Pentru că, presupunând că eu chiar sunt un salvator de calitate, cu tot ce îmi trebuie, masculinitate, putere, dezvoltare, inteligență emoțională,

cu toate rezervoarele pline de fericire și de împlinire, nu crezi că aș vrea să mă simt bărbat pentru o femeie care nu-i victimă și care este cel puțin la fel de dezvoltată, inteligentă emoțional și independentă ca și mine? Voluntariatul se face în asociații, în cauze umanitare, și nu în relațiile de cuplu!

Să știi că și mie mi-a fost greu multă vreme să asimilez informațiile astea, nu doar la nivel teoretic, ci și practic! Dar ce pot să îți spun este că în momentul în care începi să te ocupi și de tine, așa cum ai face-o cu partenerul tău de cuplu, tu chiar devii partenera ideală pe care, crede-mă, toți o vor alături! Pentru că în momentul respectiv tu deja vei ști să îți oferi singură tot ce ai nevoie, iar partenerul nu va mai fi acolo pentru a-ți umple golurile, ci pentru a te completa!

Draga mea, atunci când o să te saturi să cauți în jurul tău, tu să te întorci iar la tine și să-ți răspunzi cât poți de sincer la următoarele întrebări:

Tu ți-ai dori un partener
de cuplu ca tine?
Viața pe care o trăiești în prezent
este viața pe care o vrei, de fapt?
Așa arată viața pentru care ai
muncit până acum?
Ești sigură că asta este tot
ceea ce meriți tu să trăiești?

Și dacă asta nu este tot, nu acesta
este superlativul și idealul tău,
când te apuci să muncești pentru
fericirea ta?

Mama, câte greșeli am făcut! De fapt, nu cred că mi-a mai rămas ceva de făcut!

Vezi tu, atunci când ai impresia că nu mai este nimic de făcut, amintește-ți că mai este cel puțin o metodă pe care nu ai încercat-o încă! Și dacă tot ai impresia că le-ai încercat pe toate, inventează-ți singură tehnici, experiențe care să te ajute să fii mai aproape de viața pe care meriți să o trăiești.

Scopul nostru, al femeilor, este să fim fericite și să avem grijă singure de fericirea noastră! Pentru că dacă fiecare are grijă de fericirea lui, în dreptul lui, atunci când doi oameni se întâlnesc, își vor pune la un loc fericirea, și nu lipsurile, nevoile și așteptările!

Așa că, draga mea, tu să te întrebi mereu ce aduci în relațiile cu ceilalți. Să observi dacă predomină nefericirea, frustrarea sau mulțumirea, împlinirea și fericirea! Apoi, ia-te în serios și lucrează la tot ce ai de îmbunătățit în viața ta, și nu în viața celorlalți! Și dă-le libertatea oamenilor din jurul tău să facă același lucru. Și o să fie bine!

Dar cum o să știu cum mă percep oamenii din jurul meu? Cum o să îmi dau seama cât preț pun ceilalți pe mine?

Hai să vorbim puțin despre valoarea percepută! Cu cât înveți mai repede această lecție, cu atât mai repede vei ajunge să fii fericită și, în același timp, te vei elibera de așteptări și de dependențe!

Stai puțin! Ce este valoarea asta percepută de care zici?

Valoarea percepută (standardul) este eticheta ta, cea pe care tu o porți în lume, în fiecare zi, în toate aspectele și împrejurările vieții tale! Ce scrie pe eticheta ta? Ce preț ai la vedere? Ești în campanie de promovare cu preț redus și ofertă *early booking*? Sau ești ediție limitată și nu te grăbești să ieși de pe piață?

Valoarea percepută este felul în care te văd/ percep ceilalți și cu cât valoarea ta este mai mare în ochii lor, cu atât dorința de a te avea aproape de ei crește! Însă mai este o lecție care vine la pachet cu valoarea percepută și ea se numește lecția jumătăților perfecte. Așa că ține minte ce îți spun acum.

Într-o lume în care tu ai să fii continuu încurajată să îți cauți sufletul-pereche și să ajungi să crezi că este obligatoriu să apară cineva, o jumătate, care să îți umple golurile, să îți vindece rănile, să te iubească necondiționat și să te pună pe un piedestal, tu să te oprești în loc și să nu crezi nimic. Nu-i suficient doar să fii, doar să exiști! Fără să faci nimic altceva! Doar să fii femeie și... să fii frumoasă.

Pentru că nu ești o victimă, tu ești o femeie întreagă și suficientă.

Și crede-mă că știu cum se simte poziția de victimă pentru că am fost acolo! Nu aş fi putut să îți descriu acest rol atât de bine dacă nu l-aş fi jucat cu succes până aproape de nivel identitar. Dar tot eu sunt și cea care ştie cum se simte și de cealaltă parte, în zona celor care aleg să își ia viața în propriile mâini și să își asume responsabilitatea pentru tot ceea ce trăiesc. Minunat sentimentul acela de libertate și de eliberare! Și m-aş bucura să ajungi să îl simți și tu din plin.

Așa că înainte să mai alegi să trăiești încă o zi în rol de săraca de tine, ia-te în serios și convinge-te singură că ești un întreg! Fără goluri, fără fisuri, fără așteptări și fără dependențe! Tu singură poți să îți oferi tot ce ai nevoie! Și nu, nu este un clişeu din dezvoltare personală! Alege-te pe tine și muncește pentru o viață așa cum ți-o dorești! Fii pozitivă, râzi, descoperă-ți pasiunile și investește timp pentru ele, ai grijă de felul în care arăți, dezvoltă-te continuu, citește, călătorește, înconjoară-te de oameni care te ajută să crești, iubește și dă-ți voie să fii vulnerabilă și să greșești. Și lasă-i pe toți din jurul tău să facă singuri același lucru! Nu mai simți nevoia să te implici acolo unde nu e loc și nici rost de salvatori sau de oaspeți nepoftiți!

Câtă dreptate ai, mama!

Păi, ție îți place să mergi de bunăvoie în casa altcuiva unde este mizerie, dezordine și haos să-i faci curăţenie?

Sincer, nu, deloc! Cum ar fi?

Atunci de ce crezi că altuia i-ar plăcea să vină în casa ta, în viața ta unde este haos și dezordine și să facă terapie sau poate voluntariat, să te salveze pe tine, victima supremă? Și nu zic nu! Că poate s-or găsi ceva salvatori prin peisaj, dar după ce-și consumă energia, ei pleacă mai departe în viețile lor și tu tot în dezordinea ta rămâi!

Nu mai bine te apuci singură și faci curat?
Păstrezi ce-i bun și renunți la tot ce-i vechi
și nu-ți mai folosește.

Abia după ce ai terminat cu aranjatul și ești cu toate la zi, iubire de sine, încredere, independență, atunci îți eşti suficientă ție, atunci ești și pregătită să îi primești pe ceilalți în viața ta. Pentru că ei atunci vor fi un bonus, și nu o piesă lipsă!

Draga mea, acum tu știi că oamenii sunt întregi, și nu jumătăți, trei sferturi sau optimi. Sunt întregi! Și fiecare e responsabil de cum își îngrijește propriul întreg! Și dacă am face fiecare asta în dreptul nostru și ne-am preocupa doar de întregul nostru și nu am mai căuta să-i întregim pe ceilalți, am fi cu adevărat liberi și fericiți! De astăzi, de acum, tu mută-ți grija, atenția, preocuparea în bucata ta de viață și construiește acolo, în perimetrul tău, imperii de fericire de dat mai departe. Și să mai ții minte încă ceva! Nu e treaba ta să-i convingi pe ceilalți că se înşală, ci e treaba lor să se convingă singuri! Dacă pot și, mai ales, dacă vor! Tu trebuie să te convingi doar pe tine că meriți și că îți ești suficientă! Restul sunt detalii!

Și dacă, totuși, vrei să te pui
pe locul 2
pentru cineva,
pune-te tot pentru tine!

Viața m-a învățat că:

Produsele pot fi și ieftine,
dar oamenii de care mă înconjor nu!

Produsele pot fi la reducere, și în
această situație eu am numai de
câștigat de pe urma acestei oferte.

Însă atunci când este vorba
despre oamenii care se vând
ieftin și nu își știu prețul, se lasă cu
consum de energie și cu piedere
de timp de ambele părți!

Unui produs îi poți crește prețul
în funcție de cerere!
Unui om ieftin nu îi poți crește
tu valoarea!
E necesar să și-o crească singur!
Dacă vrea!

Tu să afli din prima cine ești. Eu n-am făcut-o!

Atunci când eram cam de vârsta ta, am aflat pentru prima dată că dacă în suflet nu ți-e liniște și împlinire, fluturașii și culoarea roz nu prea ajută. Eram pe atunci inginer într-o fabrică de industrie alimentară, în biroul meu de la demisol cu mobilă veche, gresie și faianță albă, cu două ferestre prea sus cocoțate, dar pe care le asortasem cu câteva flori vesele și cu un strop din energia mea pozitivă.

În suflet nu îmi era nicicum. Nu eram nici fericită, dar nici nu mă simțeam tristă. Mă lăsam dusă de inerție în ceea ce se numea atunci viața mea. Îmi creșteam încrederea în mine prin numărul de probleme rezolvate pe unitatea de timp și cu cât eram mai eficientă în cele nouă ore de program, cu atât mă simțeam mai puternică. Uneori, atunci când ziua părea compromisă și frustrarea atingea cote alarmante, făceam un exercițiu care părea să funcționeze pe termen scurt, și anume îmi priveam ecusonul pe care erau scrise cu litere mari și îngroșate funcția și numele meu. Egoul își primea doza, și eu îmi induceam o stare de liniște și de mândrie că sunt la locul potrivit și că viața mea este minunată! Și deși nu-mi amintesc ca acest exercițiu să fi avut vreodată rezultate pe termen mai lung de câteva ore, aveam grijă totuși să îl repet ori de câte ori era necesar pentru a mă convinge pe mine însămi că situația este sub control. Și pentru a rămâne cuminte în zona pe care o știam cel mai bine, zona mea de confort. Îmi era frică de noutate, de schimbare și mă păcăleam că astea-s stări normale și că așa este la toată lumea. Așa și părea să fie în cazul tuturor din mediul meu, cu care, cu bună știință, alesesem să mă înconjor. Dar nu asta era realitatea mea cea în care, asumat, mi-aş fi dorit să rămân până la adânci bătrâneţi. Undeva, în interiorul meu, cineva striga tare că nu sunt bine. Refuzam să aud!

În dimineața aia de marți, am deschis ca de obicei e-mail-urile și îmi făceam agenda zilnică. Aceeași rutină, aceeași cafea mare și cu două lingurițe de miere, același birou cu prea multe dosare, aceleași ore pe care uneori le imploram să treacă mai repede și aceeaşi eu. Când, nu știu cum și prin ce minune, vocea mea interioară a țipat mai tare decât toate celelalte gânduri banale și am auzit cum răsună în mine două întrebări:

Cine sunt eu?
Ce fac în acest moment vreau să
fac pentru tot restul vieții mele?

La prima întrebare nu am ştiut să îmi răspund şi asta mi-a generat o mare frustrare, dar, în acelaşi timp, şi curiozitatea de a afla răspunsul. În ceea ce priveşte a doua întrebare, răspunsul a fost un NU evident, clar şi maxim de asumat. Atât de asumat, încât a venit la pachet aproape instant cu demisia. A fost una dintre deciziile care m-au făcut să mă simt puternică şi stăpână pe viaţa mea şi, mai mult decât atât, de atunci am învăţat ce înseamnă să îmi aliniez întreaga viaţă în conformitate cu standardele şi cu valorile care mă definesc.

Eram pe atunci o femeie complexată şi nu ştiam de unde să mă apuc ca să îmi rezolv fiecare temere pe care o aveam în legătură cu mine, cu dezvoltarea mea şi cu felul în care arătam. Obişnuiam să mă compar cu tot ce îmi ieşea în cale, mă raportam la modele pe care le credeam atunci standarde de frumuseţe şi fiecare zi mă găsea tot mai confuză şi tot mai nefericită.

Şi aş fi dat orice atunci, aş fi plătit oricât pentru un curs de dezvoltare personală care să mă înveţe despre mine, să îmi ofere un manual propriu de utilizare, să îmi explice pas cu pas cum să mă descopăr pe mine cea autentică şi care să mă ia de mână şi să mă ducă până acolo, în străfundurile celor mai ascunse gânduri, să mă ţină strâns şi să nu-mi dea drumul. Şi, de acolo, să mă întoarcă mai pregătită, către mine, varianta mea cea mai bună care pot deveni.

Nu am găsit o scurtătură, ci le-am experimentat pe toate din plin! Nu am reuşit să fug de durere, de suferinţă, de tristeţe, de dezamăgiri şi de neputinţă! Pentru că viaţa a vrut neapărat să mă înveţe lecţii valoroase despre devenire şi despre autocunoaştere! Şi ce bine mi-a făcut!

Tu te-ai întrebat vreodată
cine ești?
Cine ești tu când toată lumea
pleacă, când rămâi singură
cu tine, când e liniște?
Cine ești tu cea cu adevărat?
Ce îți place ție să faci?
Cum ai vrea să fie viața ta?
Ești fericită?
Te simți la locul tău acum
în viața ta?
Ești, în prezent, maximul
care poți deveni?
Iubești?
Ești iubită?
Ești în relația potrivită?
Când ai stat ultima dată
de vorbă cu tine?
Îți mai aduci aminte ziua în care
ți-ai făcut timp doar pentru tine?

Ne pierdem în lucruri grele şi ne complicăm existenţa. Şi peste lucrurile simple din jurul nostru se aşază praful. Suntem mereu pe fugă, nervoase şi stresate.

Tu unde te grăbeşti?
Pentru cine alergi?

Mi-a luat mult timp să înţeleg cum funcţionez şi îi mulţumesc inimii mele că într-o zi mi-a arătat cum să mă aleg pe mine. Şi am învăţat că toate persoanele din viaţa mea sunt pasagere. Azi pot avea un cerc social roz, iar mâine unul gri. Important e să învăţ cum să asortez şi cum să combin culorile, în aşa fel încât să fiu fericită şi împlinită. Pentru că sunt aşa dăţi când rozul se asortează perfect şi cu negru, dar şi cu gri!

În viaţa ta ce culoare predomină?
– Mama, viaţa mea e roz! Toată!
Şi aleg să o păstrez aşa!

Vezi tu, draga mea, viaţa îţi oferă surprize pe care nici nu credeai vreodată că ai să le primeşti. Uneori, sunt ambalate în cutii mari, frumoase şi atunci când deschizi entuziasmată cutia, cu multe aşteptări şi speranţe, îţi dai seama că, de fapt, e doar o cutie goală. Dar sunt şi situaţii când, fără să vrei, fără să ceri, fără să te gândeşti măcar, te împiedici de emoţii, de dăruire, de prietenie necondiţionată şi vezi cu ochii în lacrimi câte mâini sunt întinse către tine şi vor doar să te ajute să te ridici. Şi să te aşeze acolo unde este, de fapt, locul tău…

Tu să iubești fiecare virgulă, fiecare semn de întrebare, dar, mai ales, fiecare punct pe care ți-l oferă viața! Este cel mai bun lucru care ți se poate întâmpla!

Nu înțeleg, mama!

Pentru că după fiecare punct urmează, de fiecare dată, o literă mare.

Şi tu fugi de tine încă, nu-i aşa?
Dar cum ar fi pentru o clipă să te opreşti
şi să te iei în serios?
Cum ar fi ca, de astăzi, să începi
şi tu să contezi în viaţa ta?

În ziua în care am aflat cine sunt, am devenit fericită şi autenticitatea s-a instalat în corpul meu la nivel de celulă. Am devenit o femeie complexă şi mi-am promis mie că o să mă păstrez!

Şi tu să duci mai departe ce am început eu, aşa, în stilul tău, pur şi simplu devenind o femeie care se iubeşte şi care îşi ştie valoarea! Nu-i nevoie să faci mai mult! Pentru că, fata mea, tu să nu uiţi că:

- ♥ Înainte să te grăbeşti să rezolvi problemele celorlalţi, tu eşti cea care are prioritate!
- ♥ A face compromisuri şi sacrificii nu te face mai femeie; şi nu aşa se obţin validarea şi aprecierea celorlalţi! Sunt şi alte metode!
- ♥ Investiţia în tine este cea care îţi aduce cele mai mari satisfacţii!
- ♥ Atunci când tu devii mai bună, şi oamenii pe care îi vei atrage în viaţa ta vor fi pe acelaşi nivel de dezvoltare!

Trăim vremuri în care femeia e super eroină şi le duce pe toate în spate, că aşa vrea ea sau că aşa vrea societatea. Femeia dă la schimb, cu uşurinţă, rochia pe pantaloni, tocul pe tenişi, delicateţea pe putere şi sensibilitatea pe aparenţe. Îşi pune o mască atent construită, perfectă, îşi joacă impecabil rolul şi toată lumea o crede, mai puţin ea însăşi se crede pe sine.

Dar ce contează asta, aşa-i?
Cine mai are timp să îşi asculte propriile trăiri, dorinţe şi idealuri în goana după realizarea obiectivelor stabilite de alţii, pentru alţii?

Pentru că-s așa momente
în care un răspuns venit din reflex
nu valorează nici pe jumătate
față de cât valorează
o întrebare bine pusă!

Am fost acolo, departe de mine, şi m-am ascuns strategic în spatele unor aparenţe. Ştiu cum se simte să nu te pui pe primul loc, să nu te iubeşti suficient şi să nu-ţi cunoşti valoarea. Atunci când tu nu ştii cât valorezi, o vor face ceilalţi în funcţie de sistemul lor de valori şi aşa se prea poate să fii pentru mulţi ieftină, comună când tu eşti unică şi specială.

Şi atunci te întreb: cine are dreptate?
Tu sau ceilalţi?
Vrei să fii valoroasă pentru tine
sau ieftină pentru ceilalţi?
Îţi rezervi dreptul de a-ţi şti tu cu exactitate
valoarea sau ai nevoie de estimări din exterior?

Şi, acum, momentul adevărului:
tu când ai plâns ultima dată?
Încep eu prima: IERI!

Femeile plâng. Nu e o noutate asta.
Femeile plâng des.
Asta poate că este o noutate.

Dar o fac de cele mai multe ori fără să fie văzute şi fără să vorbească despre asta. Şi atunci când se adună mai multe femei la un loc şi răspund cu sensibilitatea cu care numai o femeie ar putea să o facă, că da, plâng des, mult, uneori fără motiv, alteori cu motive care sfâşie sufletul în bucăţi, fiecare conştientizează că ea nu este singura care plânge, că nu este singura depăşită de probleme, că nu este greşită, că nu este singura care îşi manifestă neputinţa prin lacrimi.

Plânsul nu are legătură cu dezvoltarea personală şi nici nu este influenţat de statutul social, ci este într-o relaţie nedeterminată cu emoţia. Uneori plângi de fericire, alteori de supărare sau de durere. Dar, oricare ar fi cauza, plânsul nu te face o femeie mai slabă şi nici nu îţi pune în frunte eticheta de victimă. El doar te aduce faţă în faţă cu tine, cea vulnerabilă şi sensibilă, cea delicată şi feminină.

Mama, să ştii că eu am început să plâng des! Şi uneori mă doare tare sufletul şi sunt confuză.

Atunci când suferinţa apare în viaţa ta, este ziua în care începi să trăieşti cu adevărat. Şi înainte să apuci să mă întrebi încă ceva, dă-mi voie să îţi răspund eu prima. Îţi înţeleg uimirea, dar totul este mult mai simplu decât pare la prima vedere.

Suferinţa este singura emoţie care ne aduce, cu adevărat, mai aproape de noi. Ea este cea care ne obligă la introspecţie, la timp petrecut în sine, departe de toţi ceilalţi şi aproape de noi. Şi oricât ai încerca să fugi de tine şi să te refugiezi în ceilalţi, atât timp cât suferinţa vine din interior, nu există altă cale decât înfruntarea ei. În momentul în care te aşezi faţă în faţă cu tine şi nu mai respingi tristeţea, ea începe să îţi spună o poveste despre tine, cea care nu te-ai aflat niciodată până atunci.

Ce simplu pare atunci când mi le spui tu, mama!

Simplitatea este planul, ai uitat?

Şi să-ţi mai spun ceva: atunci când ai o problemă, o situaţie care îţi pare grea, fără ieşire, opreşte-te puţin şi întreabă-te:

Chiar asta este limita mea?
Chiar acesta este maximul
pe care pot eu să îl duc?

Pentru că ai două variante de răspuns şi ele sunt DA sau NU. Şi pentru fiecare variantă ai un plan de acţiune. Varianta cu DA vine la pachet cu acceptare, pentru că, teoretic, nu ai ce să faci mai mult, având în vedere că ţi-ai atins deja limita maximă acceptată, iar varianta cu NU vine la pachet cu încă ceva ce poţi face, încă o variantă, încă un pas, încă puţin.

Dă-ţi voie să fii liberă şi să îţi exprimi emoţiile fără să-ţi fie teamă că eşti greşită sau că vei fi judecată de cei din jurul tău! Viaţa asta este despre tine şi despre dreptul tău de a fi fericită şi împlinită!

Şi încă ceva! Atunci când îţi vine să plângi, scoate din sertar cel mai roşu ruj pe care îl ai! Păşeşte sigură pe tine în faţa oglinzii şi cu fiecare lacrimă care îţi curge pe obraji, mai pune-ţi un strat de roşu. Până când zâmbetul tău o să fie perfect!

Vezi tu, machiajul nu este decât exprimarea în culori sau non-culori a stării pe care o ai la un moment dat. El nu face altceva decât să transpună în linii şi forme emoţia din interiorul tău. Chipul tău spune mai mult decât cuvintele pe care alegi tu să le rosteşti. Şi dacă-i aşa:

Tu ce vrei să spui lumii despre tine?
Ce-ai vrea să spună lumea despre tine?
Cine eşti tu prin ochii celorlalţi?

Eu, tu și două pahare de demisec. Alb!

Mama, hai să mai bem un pahar cu vin şi să mai povestim! Mi-e dor de discuţiile cu tine!

Un vin alb demisec. Ca feminitatea autentică pe care doar o femeie înţeleaptă şi-o conturează în ani de experienţe.

Să nu bei atât de mult, încât să îţi anesteziezi simţurile, dar nici atât de puţin, încât să nu recunoşti vinul. Şi omul din faţa ta!

Să alegi cu grijă vinul pe care îl bei. Să ştii să deosebeşti vinul bun de cel ieftin, nu în funcţie de preţ sau de forma sticlei. Ci numai după senzaţiile pe care ţi le trezeşte în fiecare colţ din tine. Dacă eşti fericită şi râzi, atunci tu să ştii că ăla e un vin bun, dar dacă lacrimile iau locul zâmbetului tău frumos, atunci tu aruncă paharul din mână. Nu-ţi trebuie! Sunt pline rafturile cu vinuri excelente! Nu face compromisuri nici măcar cu papilele tale gustative.

Atunci când viaţa te aduce la masă cu omul tău şi el îţi serveşte un pahar cu vin, tu nu-l refuza! Joacă-te! Cu tine şi cu el! Inventează jocuri chiar şi în situaţiile în care, aparent, crezi că nu-şi au rostul comportamente de copilă. Îmbracă rolul maturităţii atunci când mâna îţi este relaxată pe pahar, aşa cum îţi este mintea, şi atunci când privirea ta seducătoare de femeie misterioasă impune limite doar din felul în care clipeşti din gene şi îţi muşti uşor buzele. Peste care vinul are alt gust! Gustul buzelor lui de bărbat puternic.

Să nu te laşi atinsă nici măcar pe mână sau pe obraz de oameni care nu-s pregătiţi să trăiască o viaţă la standardele tale înalte. Nu-ţi pierde vremea să faci instruiri şi degustări acolo unde simţi, din prima interacţiune, că e prea puţin sau prea ieftin pentru tine.

Să îţi aminteşti că felul în care arată în prezent viaţa ta nu este decât o sumă de alegeri bine făcute şi de decizii asumate, luate cu bună ştiinţă. Mediul în care îţi desfăşori întreaga viaţă, oamenii care fac parte din el, emoţiile şi toate gândurile tale sunt în controlul tău şi astea nu pot fi decât veşti bune!

Pentru că aşa cum îţi alegi produsele potrivite de pe raft, în funcţie de nevoile tale, la fel de bine îţi poţi alege şi oamenii cu care să-ţi împarţi experienţele, timpul şi părţile din tine.

Înainte să te arunci în experienţe ieftine, fii selectivă şi nu uita că atunci când este vorba despre tine, meriţi tot ce poate fi mai bun, mai potrivit şi mai adaptat nevoilor şi dorinţelor tale!

Şi, da, poate că uneori ai nevoie şi de oameni ieftini ca să ai termen de comparaţie pentru atunci când viaţa ţi-i va aduce alături pe cei de calitate! Dar, până atunci, devino tu un om de calitate pentru toţi din jurul tău!

În goana după perfecţiune şi după „mai mult", femeile ajung de multe ori să joace mai multe roluri decât pot duce. Şi dacă la început senzaţia de „le pot face pe toate şi pot mulţumi pe toată lumea" conferă sentimentul de putere, cu timpul, cu cât femeia devine mai puternică, cu atât latura ei feminină îşi pierde din intensitate. Ca un vin bun, lăsat prea mult timp într-un pahar.

Tu acum îmi zici mie că nu este bine să fiu puternică?

Nu! Nu e greşit să fii o femeie puternică! Însă puterea să nu vină la pachet cu obiceiuri care îţi anulează feminitatea.

Despre ce obiceiuri vorbeşti?Le ştiu?

Păi hai să facem o listă ca să le ştii mereu! Şi să revii la ele ori de câte ori simţi că feminitatea nu îţi mai este cea mai de preţ comoară.

- ♥ **Nu îţi asumi responsabilitatea pentru viaţa ta.** Oricine altcineva este responsabil de ceea ce trăieşti în prezent, numai tu nu. Responsabilitatea personală presupune să fii sensibilă la viaţa ta în loc să reacţionezi automat, din inerţie. Asta vine la pachet cu renunţarea de a-i învinovăţi pe ceilalţi pentru felul în care tu eşti în prezent. Ceea ce era valabil ieri, ai să fii surprinsă, dar e foarte posibil să nu se mai aplice astăzi. Prin urmare, fii prezentă în viaţa ta şi acceptă că nu există coincidenţe, noroc, destin, ci există doar rezultate la ceea ce faci sau nu faci.
- ♥ **Manipulezi şi şantajezi emoţional.** Feminitatea vine la pachet cu autenticitatea şi se află la polul opus faţă de manipulare şi şantaj. Alege să te porţi pe tine exact aşa cum eşti tu, fără să joci roluri, fără să porţi măşti. Pentru că hai să vedem de ce este important să fii autentică vs. manipulatoare.

Atunci când eşti pur şi simpu tu, atragi situaţiile şi oamenii de care ai nevoie tu, cea reală. În schimb, atunci când alegi să joci un rol, chiar cu o interpretare demnă de aplauze, în viaţa ta apar situaţii care se potrivesc rolului interpretat, şi nicidecum ţie, celei adevărate.

♥ **Te victimizezi. Şi rolul de victimă nu e sexy.** Nici în prezent nu e şi nici n-a fost vreodată. Nu te mai plânge, nu mai invoca ghinionul, neşansa, zodia sau moştenirea genetică. Renunţă la dramatizări şi la exagerări, şi dacă vrei totuşi să le înlocuieşti cu ceva, să ştii că autoironia este mult mai eficientă. Ea este cea care te pune faţă în faţă cu tine şi te face să te accepţi aşa cum eşti, cu zâmbetul pe buze. Nu îţi place ceva? Schimbă, renunţă, îmbunătăţeşte, cosmetizează. Alege să faci, nu să îţi plângi de milă şi să te transformi în săraca de tine, biata fată. Ştii ce se va întâmpla? Vei atrage exact situaţiile în care să continui să te simţi victimă şi vor apărea oameni în jurul tău care să îţi confirme că aşa este. Doar asta vrei, nu?

♥ **Te agăţi de o relaţie.** Dacă tu eşti nefericită, nemulţumită de tine şi de viaţa ta şi dacă te priveşti dinafară, îţi dai seama că nici tu nu ţi-ai dori o relaţie cu tine. Cum crezi că este posibil să existe un bărbat care să-şi dorească asta? Dacă tu singură nu îţi oferi iubire şi tot ce ai nevoie, el de ce să o facă? Şi poate că o perioadă s-ar putea să ai noroc şi să dai peste un salvator curajos care să-şi joace rolul cu masculinitate şi plăcere. Însă ce te faci atunci când el nu mai este disponibil? Atunci când rămâi cu tine? Începi să blestemi zilele şi răbdarea ta, implicarea şi câte şi mai câte în lună şi în stele, când, dacă ai începe cu tine, totul ar fi mult mai uşor şi mai frumos. Aşa cum am mai vorbit, oamenii sunt întregi, nu jumătăţi. O relaţie nu se construieşte din jumătăţi, ci din plin, întreg, superlativ. Devino un întreg frumos, oferă-ţi ţie necondiţionat şi după oferă şi în relaţie.

♥ **Aspect fizic neglijent şi neîngrijit.** Tu să ai grijă şi de suflet, şi de trup! În aceeaşi măsură. Şi, mai ales, să nu alegi între ele, ci să le îmbini! De ce ar fi nevoie să separi interiorul de exterior când, împreună, formează un întreg? Exteriorul este extensia interiorului şi ambele sunt într-o conexiune fantastică. Să ai grijă de felul în care arăţi înseamnă, de fapt, ce vrei tu să ştie lumea despre tine, ce mesaj transmiţi despre propria ta persoană şi, mai ales, cum te simţi tu când te priveşti în oglindă.

♥ **Ai o atitudine critică şi negativistă.** Ba afară e prea cald, ba e prea frig, ba colega de birou s-a uitat nu ştiu cum la tine, ba nimic nu merge cum trebuie în ţara asta şi în viaţa ta şi toată lumea are noroc, numai tu eşti prietenă la cataramă cu ghinionul. Să ai o atitudine critică faţă de oamenii din jurul tău nu îţi oferă nimic bun. Nu-ţi face viaţa mai frumoasă, nu te dezvoltă şi nici nu îţi aduce vreo revelaţie la ceas de seară. Ba din contră! Atunci când ai o atitudine critică legată de orice aspect, situaţie, experienţă, nu faci decât să te poziţionezi tu în raport cu respectivul aspect/ respectiva situaţie sau experienţă. Şi astfel faci comparaţii/te compari pe tine folosind nişte criterii care-s doar ale tale şi care nu au o aplicabilitate universal valabilă. Tot ce se întâmplă în jurul tău, tot ce există, pur şi simplu, este aşa cum trebuie să fie. Tu alegi ce semnificaţie oferi şi, mai mult decât atât, tu alegi ce reacţii vrei să ai.

♥ **Eşti prietenă cu critica?** Perfect! Şi ea este cu tine. Relaţia este reciprocă şi critica nu te va lăsa la greu. Va avea grijă să apară în viaţa ta, zilnic, uneori de mai multe ori pe zi să-ţi amintească ce relaţie speci
între voi. Nu te lăsa păcălită şi pr
trolul în viaţa ta. Tu eşti cea care

Identifică situaţiile în care ai tendinţa să fii critică şi negativistă şi înlocuieşte-le cu un zâmbet şi energie pozitivă. E loc pentru toată lumea sub soare!

♥ **Aduci la un loc vulgaritatea cu feminitatea.** Când o femeie este vulgară? Cine stabileşte limita vulgarităţii? Femeia însăşi sau ceilalţi? Într-o lume în care femeia îşi doreşte mai multă putere şi mai multă independenţă şi dă la schimb cu uşurinţă rochia pe o pereche de blugi, tocurile pe o pereche de încălţări comode şi îşi fac apariţia caractere masculine (limbaj neadecvat, comportament, atitudine). Şi te întreb: merită schimbul? Merită să renunţi la feminitate pentru putere? Alege să te porţi pe tine, aşa cum te simţi tu confortabil. Simplul fapt că eşti femeie vine la pachet cu sensibilitate şi delicateţe. Iubeşte-ţi calităţile de femeie, îmbrăţişează-ţi atuurile, scoate-ţi la lumină feminitatea, fără penibil şi fără vulgar. Pur şi simplu, în felul tău autentic... de a fi femeie.

♥ **Ai o atitudine superioară faţă de bărbaţi. Presupunând că tu eşti superioară în raport cu celălalt, prin logică simplă, el devine automat inferior. Îţi doreşti o relaţie cu un om inferior? Ce beneficii îţi aduce ţie o astfel de relaţie? Tu ţi-ai**

dori să fii într-o relaţie în care partenerul să-ţi fie superior? Şi, mai mult decât atât, cum se poate compara o femeie cu un bărbat? O relaţie de cuplu presupune individualitate adusă în comun. Eu sunt maximum din ce pot fi în prezent, tu eşti maximum din ce poţi fi în prezent şi, puşi la un loc, aducem valoare relaţiei. Nimeni nu este superior şi nici inferior în raport cu partenerul său. Fiecare este şi atât.

♥ **Rămâi blocată într-un rol şi te identifici cu el full time.** Fiecare dintre noi jucăm în viaţa de zi cu zi mai multe roluri. Astfel, acasă eşti mamă pentru copilul tău, fiică pentru părinţii tăi, soţie/parteneră în cuplu, la birou eşti colegă, şefă, coordonator, la un curs eşti cursantă, pe stradă eşti pieton, în trafic eşti şofer etc. Cel mai adesea, femeia se blochează în rolul care îi aduce cele mai multe beneficii şi îşi asumă asta la nivel de identitate şi în mai toate circumstanţele alege să aibă un comportament specific rolului. Însă, indiferent de câte roluri joci în viaţa ta, să nu uiţi că eşti femeie. Aşa te-ai născut. Restul au venit pe parcursul devenirii tale. Unele roluri îţi vor rămâne, o parte vor dispărea şi vor fi înlocuite de altele noi, în vreme ce multe se vor transforma. Însă ce rămâne neschimbat este faptul că tu eşti femeie.

- **Nu eşti prezentă în viaţa ta. Însă în viaţa celorlalţi eşti mereu acolo.** Să te alegi pe tine şi să fii prezentă în gândurile, emoţiile şi trăirile tale te face feminină. Pentru că asta vine la pachet cu timpul pe care îl petreci tu cu tine singură. Şi asta te învaţă despre tine şi despre limite. Mai întâi, este vorba de tine şi după aceea despre ceilalţi. Dacă tu eşti fericită, poţi oferi în jurul tău fericire. În caz contrar, poţi s-o mimezi. Posibil să-ţi iasă, însă la fel de posibil este să şi oboseşti. Şi atunci vei oferi în jurul tău oboseală. Astfel, fericirea îţi devine o experienţă mai puţin plăcută şi pe care mereu o cauţi în exterior. Atunci când ea este atât de aproape de tine, te însoţeşte peste tot. Pentru că acolo, în interiorul tău, găseşti tot ce ai nevoie ca să fii aşa cum îţi doreşti.

Seara, atunci când te aşezi în pat şi este întuneric şi totul adoarme, rămâi tu cu tine. Şi atunci nu ai unde să mai fugi decât în vise. Însă şi ele tot ale tale sunt. Şi acolo tot de tine te loveşti!

Atunci când toți oamenii aleg
să renunțe la tine, tu alege
să te păstrezi!

Să faci un singur compromis! Cu tine.

Tu crezi că atunci când o să fiu mare, o să fiu fericită?

Ce o să fie diferit atunci?

Mă gândesc că atunci când o să mai cresc, o să îmi fiu suficientă şi nu o să mai caut în jurul meu să mă întregească cineva.

Şi totuşi când e vârsta aia în care eşti mare? Atât de mare, încât să îţi spui în suflet că e gata. Că de acolo începe uşorul şi frumosul?

Eu cred, mama, că atunci când orice îţi pare fericire, când simţi bucuria în cele mai simple lucruri şi în cele mai mici gesturi, atunci e momentul în care creşti şi totul se măsoară doar în tine.

Atunci, fata mea, înseamnă că eu încă nu am crescut suficient de mare. Încă sunt momente când caut complexitatea şi profunzimea, încă am aşteptări şi caut oameni cu care să îmi împart trăirile. Şi nu-s toate bune!

Mama, atunci când nu o să mai cauţi să înţelegi şi să dai definiţii pentru tot ce simţi, atunci o să te simţi cu adevărat liberă şi atunci totul o să se măsoare cu adevărat doar în tine.

Fata mea, ce bine că eşti! Ce bine că îmi eşti! Să îmi aminteşti de mine, cea pură şi inocentă care am fost odată. Să îmi aminteşti de mine cea frumoasă şi cu inimă bună. Cu sufletul plin de frumos. Vezi tu, viaţa a trecut peste mine şi pe unele parți din mine a avut grijă să mi se şteargă, să mi le fure, chiar. Deşi m-am împotrivit şi am ţinut strâns de fiecare parte bună din mine.

N-ai zis tu că nu trebuie să mă împotrivesc sau să lupt? Şi că nu pot pierde ceva ce nu este al meu?

Aşa am zis!

Înseamnă că m-ai minţit?

Înseamnă doar că îţi va fi mai uşor să treci prin toate dacă ai să gândeşti aşa, detaşat şi fără aşteptări. Eu am crezut în vorbe, în oameni, în promisiuni. Ba chiar aşteptam cu sufletul la gură unele decizii şi îmi bătea inima tare cu fiecare zi care mă ducea tot mai aproape de viaţa ideală pe care mi-o imaginam. Ce nu ştiam atunci era ca odată cu fiecare zi în care mă bucuram că trece, se mai adăuga un stop de presiune şi un rând în plus de aşteptări. Atunci când am trăit prima dezamăgire, am învăţat că oamenii au dreptul să se răzgândească, chiar dacă odată ei ţi-au făcut promisiuni care ţie ţi-au devenit sursă de putere. E ca atunci când ştii că după ce vei ajunge la destinaţie, vei primi locul întâi, dacă... întotdeauna vor exista condiţionări, variabile şi incertitudine. Tu să nu faci promisiuni că astea atârnă greu şi în decizii, dar şi în suflet. Şi în al tău, dar mai ales în sufletul celuilalt.

Nu înţeleg!

Vezi tu, atunci când faci o promisiune, tu crezi în ea. Atunci, în momentul respectiv, chiar crezi. Însă ce e promisiunea? Ceva ce afirmi în momentul prezent pentru ceva ce se va întâmpla în viitor. Şi cu distanţa dintre momentul prezent şi cel viitor ce se întâmplă? Ce se întâmplă cu toate trăirile, experienţele care au loc în tot timpul ăsta? Pentru că între prezentul unei promisiuni şi eventualitatea întâmplării ei tu continui să trăieşti. Viaţa ta nu stă pe loc. Ea se întâmplă. Şi dacă nu se mai întâmplă cum ai prevăzut iniţial? Ce faci? Respecţi o promisiune doar pentru că ai făcut-o? De dragul celuilalt? Deşi tu nu mai simţi că îţi este bine şi potrivit? Nu! Nu o mai onorezi. Amâni, minţi, la început, devii frustrată şi cauţi să te împaci şi pe tine sufleteşte, şi pe cel căruia i-ai făcut promisiunea. Cum? Făcând alte promisiuni! Şi viaţa ta devine un permanent timp viitor, iar în prezent nu mai e nimeni.

Şi eu am făcut promisiuni, mama! Şi după nu le-am mai respectat. Dar niciodată nu m-am gândit cum se simte în sufletul celuilalt.

Ştii cum se simte? Îţi spun eu că am fost de ambele părţi ale situaţiei. Şi a celei care a făcut o promisiune şi a încălcat-o, dar şi a celei care aştepta să se îndeplinească o promisiune. În ambele situaţii, nu a fost despre mine, ci despre celălalt. Nu m-am trăit pe mine întreagă, ci m-am trăit pe mine în raport cu celălalt. Fie să nu dezamăgesc, fie să nu rămân singură şi abandonată. Ce am învăţat? Că, indiferent de ce parte a unei promisiuni te afli, e mai bine să nu ai aşteptări şi să laşi lucrurile să se întâmple de la sine, fără să le modifici cursul nici măcar o secundă.

Şi dacă-ţi spun, mama, că n-am înţeles nimic, se pune? Că parcă nu îmi este uşor să las chiar toate să vină aşa de la sine. Nu oamenii aşază lucrurile şi situaţiile? Nu ei iau decizii şi fac alegeri? Au lucrurile puterea de a se aşeza de la sine, aşa, pur şi simplu? Că dacă e aşa, unde mai este dorinţa mea?

În acceptarea că totul e mişcare şi nesiguranţă. Că nimic în lumea asta nu are caracter permanent. Nicio stare, nicio emoţie, nicio situaţie, niciun gând. Totul e trecător şi ciclic. Totul e curgere, ai uitat?

Şi cred că o să tot uit. Nu e aşa uşor de pus în practică!

Nu e nici greu! Nu e nicicum. E pur şi simplu!

Ai dreptate. Prea căutam definiţii pentru tot şi toate. Ştii, atunci când o să simt că mi se clatină pământul sub picioare, că nu mai am stabilitate într-o situaţie, o să îmi amintesc de cuvintele tale înţelepte care mă ajută de fiecare dată fără excepţie.

Care-s alea, că m-ai făcut tare curioasă?

Atunci când ai obosit să cauţi în jurul tău, întoarce-te la tine şi dă sens şi vieţii tale.

Până să ajung să vreau să dau sens vieţii mele, am căutat să dau sens în multe alte vieţii. Pentru unii chiar am îndrăznit să visez că pot deveni sensul vieţii lor, cel mai probabil pentru că şi ei deveniseră sensul vieţii mele.

Se cam amestecă sensurile astea, mama, aşa-i?

Aşa pare. Însă sensul e doar dacă îl dai tu. El nu e ceva real. Este doar o percepţie, o proiecţie.

Aşadar, cum să se amestece ceva ce nu-i real? Cum să se amestece imaginarul?

Iar m-ai pierdut pe drum şi încep să mă simt mică de tot!

Nu te grăbi să creşti! Viaţa se întâmplă oricum odată cu tine.

Atunci mai stau puţin! Mama, ţi s-a întâmplat vreodată să ai mai multe opţiuni şi să îţi placă toate, dar să trebuiască să alegi una singură şi să nu te poţi decide care este varianta câştigătoare?

Să zicem că da!

Şi cum ai făcut? Că zău nu găsesc nicio ieşire!

Atunci când viaţa m-a dus în situaţii de a face alegeri, m-am oprit pe loc şi m-am simţit norocoasă.

Tu vorbeşti serios? Nu înţeleg! Cum să te simţi norocoasă când eu tot ce simt e presiune şi frustrare? Şi parcă tot mai tare mă afund în necunoscut şi în teama de a nu face o alegere greşită!

Norocoasă, chiar fericită şi recunoscătoare pe deasupra! Pentru că viaţa mi-a dat mie rolul de a face alegeri, de a-mi lua propriile decizii! Cum să nu te simţi privilegiată în aşa context? Când puterea e la tine şi tu deţii controlul? Mereu am considerat că mai bine ai mai multe opţiuni dintre care să alegi decât să îţi impună viaţa o variantă nepotrivită!

Într-un fel, da, ai dreptate! Şi, totuşi, cum ai făcut tu atunci când a trebuit să alegi?

Întotdeauna am observat ce simt în raport cu fiecare alegere în parte şi nu am comparat alegerile între ele. M-am comparat pe mine în fiecare dintre ele şi m-am trăit cu totul la nivel imaginar în situaţia respectivă. Am ales mereu varianta în care m-am simţit fericită şi în care inima mi-a bătut mai tare. De emoţie, de frumos, de nerăbdarea schimbării şi a noii vieţi care urma să mi se aşeze la picioare.

E ca atunci când am ieşit pentru prima dată să mâncăm într-un restaurant libanez şi am căutat cele mai bune restaurante din oraş şi tu mi-ai spus mie să aleg?

Şi cum ai ales atunci restaurantul? Pe ce criterii ai luat decizia?

M-am gândit să nu fie foarte departe pentru că îmi era foame tare, să fie un loc drăguţ, amenajat cu bun gust şi după ce am studiat fiecare loc în parte, am fost atentă la care mi-a plăcut cel mai mult. Dar situaţiile de viaţă nu-s aşa de simplu de rezolvat ca alegerea unui restaurant libanez atunci când ţi-e foame!

Păi, ce e diferit? Că-s aşa situaţii de viaţă în care ţi-e foame de fericire, de schimbare, de noutate şi alegi opţiunea care ţi le îndeplineşte pe toate! Mai repede!

Mama, am ales! Ştiu ce vreau şi care e varianta care mă face pe deplin fericită! Şi cât de simplu a fost! Atunci când nu am mai ţinut cont decât de mine şi de cum îmi doresc eu, alegerea mi-a fost atât de evidentă! Ce simplu faci tu lucrurile să fie! Ce m-aş face eu fără tine?

Draga mea! Fără mine, ai fi tu şi ţi-ai fi de ajuns! Atunci când viaţa îţi va scoate în cale alegeri, tu să râzi şi să fii fericită! Să îţi aminteşti atunci cât eşti de norocoasă să poţi lua tu decizii şi să nu îţi fie impuse! Să nu faci compromisuri cu tine decât o singură dată!

De ce doar o dată?

Pentru că după ce vei face un compromis, vei simţi acea experienţă în fiecare colţ de suflet. Vei trăi intens teama, frustrarea, nemulţumirea şi te vei răzvrăti împotriva celui din cauza căruia tu crezi că suferi, neştiind atunci că tu eşti singura responsabilă de suferinţa ta. Dar până nu treci prin asta, nu ai cum să îţi creezi standarde, limite şi definiţii pentru compromis. Şi fiecare ni le stabilim în vieţile noastre! Însă după ce ai simţit în fiecare colţ din tine ce înseamnă un compromis, vei şti să faci alegeri care să te împlinească şi care să îţi aducă doar zâmbet şi mulţumire în suflet, în minte şi pe buze.

Tu câte compromisuri ai făcut? Ţi-a fost suficient unul singur ca să înveţi despre tine?

Am făcut un singur compromis, dar l-am repetat de mai multe ori! Şi în cele din urmă, mi-am învăţat lecţia şi mi-am luat rămas-bun de la el. Îmi amintesc şi acum ziua în care m-am privit în oglindă şi m-am simţit mai puternică şi mai pregătită ca niciodată să mă aleg doar pe mine.

Nu e asta o dovadă de egoism? Să te alegi pe tine?

Dacă ar fi aşa, ar însemna că atunci când îl alegi pe celălalt în defavoarea ta se numeşte sacrificiu! Pe tine ce te-ar mulţumi mai mult? Să fii egoistă în ochii celor care atât pot înţelege, dar să fii fericită sau să fii o femeie martir, dar cu sufletul plin de nefericire?

Eu sunt fericită şi când îi fac pe cei dragi fericiţi!

Atunci începe cu tine, fii tu prima fericită ca să poţi da în jurul tău numai fericire! Oferă tu întâi şi nu aştepta să primeşti ca să poţi face asta! Imprimă tu direcţia şi fii tu modelul de urmat!

Lasă-ţi amprenta în tot ce faci, în tot ce zici şi în tot ce trăieşti! Peste tot să fie plin de urme de tine!

De ce plângi acum?

Pentru că mă doare sufletul. Tare!

Dacă ai fi ştiut că vei ajunge în situaţia asta, în care suferi şi parcă toate nu-s la locul lor, ai fi făcut la fel? Ai fi luat aceleaşi decizii?

Da! Să ştii că nu aş schimba nimic. Aş face la fel şi poate ceva în plus. Aş trăi mai intens fiecare moment de fericire ca să poată să fie apoi mai presus decât fiecare lacrimă care mi-a curs în suflet.

Şi, totuşi, ce faci când nu mai poţi? Când simţi că acolo e sfârşitul? Că nu mai ai putere nici măcar să respiri?

Nu faci nimic! Doar simţi. Fără definiţii, fără tratamente, fără scurtături. Că oricum nu există leac sau variantă uşoară.

Nu înţeleg!

Atunci când simţi că furia şi frica îţi joacă în tot corpul, ia-te de mână cu ele şi învaţă paşii. La un moment dat, o să obosiţi toate trei şi o să vă aşezaţi la locul vostru. Şi o să faceţi loc pentru alte emoţii. Viaţa este despre acceptare! Nimic mai mult. Şi fiecare emoţie are dansul ei, ritmul ei şi timpul ei. Fericită e femeia care le trăieşte pe toate!

Atunci când le spui tu, mama, parcă sunt atât de simple toate. Dar când mi-au fost în suflet, m-am simţit copleşită. Şi de şi mai multe ori mi-a fost teamă că nu am să pot!

Şi totuşi ai putut!

Da!

Şi dacă ai da timpul înapoi şi te-ai întoarce în momentele în care ţi-a fost frică, ce ai face diferit?

Acum am înţeles cu adevărat ce vrei să spui. N-aş face nimic, mama! Le-aş înfrunta cu capul sus. Pentru că ele m-au făcut să fiu o femeie puternică.

Vezi tu, fata mea! Fiecare emoţie care ţi se aşază în suflet aduce cu ea o poveste despre devenire. Tu rămâi cu inima deschisă şi învaţă, simte, experimentează tot ce viaţa îţi oferă despre tine.

Mama, ştii ce aş mai vrea eu să ştiu? Tu crezi că resemnarea şi acceptarea sunt prietene?

Aş spune că-s personalităţi diferite. Una aduce suferinţa înfrângerii, iar cealaltă înţelepciunea conştientizării. Dar graniţa dintre ele este atât de fină, încât numai dacă eşti atentă la emoţia pe care o simţi în corp poţi să-ţi dai seama pe cine ai ales să trăieşti.

Înseamnă că eu aleg ce simt?

Întotdeauna. Şi ce bine ar fi să poţi alege mai mult să simţi frumos, bine, iubire, linişte, acceptare şi bucurie. Dar cum le-ai putea trăi frumos dacă nu ai avea termen de comparaţie şi nu ai simţi şi urâtul, murdarul, înfrângerea, minciuna, teama, neliniştea?

Aş vrea să pot păstra discuţiile cu tine, me-reu! Să nu uit niciun cuvânt, niciun zâmbet de-al tău. Nicio privire. Ce bine e cu tine alături, mama! Mai ţine-mă puţin de mână!

Sunt aici! Şi rămân.

Feminitatea are numele tău și o rochie

Atunci când nu mai ştii dacă eşti frumoasă, du-te în faţa oglinzii şi stai acolo 10 minute! În primele 30 de secunde o să îţi pară greu să te priveşti în ochi, iar în următoarele 30 de secunde, mintea o să ţi se umple cu gânduri care mai de care mai sabotoare că nu eşti bună, că eşti urâtă şi imperfectă! Tu rămâi acolo şi ţine capul sus! Trage cât de mult poţi de colţurile gurii şi zâmbeşte! Şi fă-o până începi să crezi şi tu că eşti fericită! Apoi, fugi repede în dulap şi scoate rochia cea mai frumoasă. Aia care îţi este cea mai dragă şi pe care o porţi mereu mândră. Încalţă cele mai înalte tocuri şi desprinde-ţi părul. Pune-ţi cel mai roşu ruj pe buze şi cuprinde-ţi încheietura mâinii cu o brăţară fină. Atunci când eşti gata, râzi! De tine cea de mai devreme, de viaţă, de gândurile care nu au termen de valabilitate şi de toate fricile care nu au putere asupra ta!

Uneori, ai nevoie să te convingi singură, tu pe tine, că eşti fericită! Dar preferi să o facă alţii şi aştepţi nerăbdătoare ca viaţa să îţi trimită persoanele potrivite, în momentele potrivite. Se prea poate să ai noroc, dar dacă totuşi pe uşă nu intră nimeni, ce faci?

Mama, nu-i greu să fii fericită singură? Serios acum. E mai simplu cu oameni dragi alături care să te susţină şi care să te iubească necondiţionat.

Simplu nu înseamnă neapărat şi mai frumos. Vezi tu, după ce înveţi să fii fericită singură, devii capabilă să fii fericită şi în doi. Şi bine ar fi să facă şi el la fel, în casa lui, în dreptul lui, în viaţa lui.

Chiar, am uitat să îţi povestesc. Ştii că ieri am ieşit cu Maria, prietena mea din copilărie. Ce-i drept, nu ne mai văzusem de ceva vreme. Mi-am luat rochia aia albă de la tine, sandalele care spui tu că îmi fac picioare frumoase şi eram fericită aşa, pur şi simplu, numai la gândul că ne vom revedea. Ştii ce mi-a zis Maria?

Uimeşte-mă!

Că sunt foarte feminină şi că mă admiră mult. M-a întrebat cum fac şi care e secretul. Mă crezi că i-am răspuns râzând cu gura până la urechi că aşa sunt eu, pur şi simplu?

Parc-ai fi fata mea!

– Sunt! Din cap până-n picioare! Dar cel mai mult îţi semăn la suflet.

Feminitatea ţine de unicitatea ta şi de felul în care ai să alegi să îţi personalizezi autenticitatea. Nu-i nevoie de lucruri scumpe sau de combinaţii vestimentare complicate. E adevărat că ele ajută, însă e necesar ca tu să te porţi cu mândrie şi cu eleganţă, chiar şi atunci când corpul îţi este gol, neacoperit de haine. Eleganţa vine de la gesturi, se asortează perfect cu un zâmbet şi cu o privire senină. Apoi, vocea caldă, inima deschisă şi sufletul plin cu bunătate vin să completeze perfect tabloul ideal de feminitate.

Mama, dar există un ideal de feminitate?

– Ai să fii surprinsă, dar da! Există propriul ideal de feminitate, maximum din ceea ce poţi tu deveni în raport cu cea care eşti în prezent. Şi asta vine la pachet cu munca de sine, cu autodezvoltarea şi cu reinventarea ta în tot felul de situaţii de viaţă. Ţine minte asta:

Feminitatea înseamnă să te simţi bine cu tine şi atunci când eşti singură, dar şi atunci când te afli în mijlocul oamenilor!

Exact cum am făcut eu când m-am întâlnit cu Maria! Şi serios că nu aveam niciun secret de feminitate! Eu cred că toate discuţiile astea ale noastre m-au făcut să fiu o femeie completă fără

măcar să-mi dau seama de asta. Ce frumos m-ai construit, mama!

Fata mea, tu să te laşi modelată de mâini pricepute, dar să păstrezi şi un strop din tine, cea autentică!

Dar să ştii că am avut şi eu momente în care nu am fost mulţumită de mine. Mă vedeam urâtă şi aveam tendinţa să mă izolez de toţi şi de toate. Şi atunci când mă comparam cu fetele pe care eu le consideram frumoase, parcă mai tare sufeream. Pentru că mă gândeam că este imposibil să fiu altfel decât sunt şi că niciodată nu voi fi ca ele. În perioada aia plângeam mult şi eram nesuferită şi cu tine. Îţi aminteşti?

Cum aş putea să uit? Mai ţii minte ziua aia de marţi când te-am luat de mână şi ţi-am zis că ai plâns destul? Şi cu toată împotrivirea ta, te-am dus în primul magazin cu rochii şi am început ne jucăm în cabina de probă!

Mamaaaaaaaaa! Atunci a fost prima dată când mi-a plăcut de mine în rochia aia albastră scurtă! Atunci mi-am văzut pentru prima dată picioarele lungi şi frumoase şi talia subţire. Cum le-ai făcut tu pe toate să fie uşoare pentru mine! Şi, de atunci, cel mai bine m-am simţit în rochii şi fuste. Şi acum îmi dau seama că de fiecare dată când aveam o pasă proastă, numai dacă îmi

aranjam puţin părul şi îmbrăcam o rochie dragă, îmi schimbam instant starea şi deveneam mai fericită şi mai încrezătoare! Ce putere miraculoasă poate să aibă o simplă rochie!

Indiferent de ce provocări o să îţi ofere viaţa, tu să ţii minte că în rochie şi pe tocuri o să le rezolvi altfel!

Ce legătură are?

Într-un fel, rochia şi tocurile îţi limitează din putere, te obligă să fii mai delicată şi să poţi mai puţin! Şi sunt aşa situaţii când e mai bine să nu poţi mult! Puterea nu este pentru femei, ci doar în femei! Puterea ta să nu se măsoare în kilogramele ridicate, ci în problemele rezolvate! Şi noi, femeile, avem multe probleme. Şi dacă totuşi nu le avem, le creăm. Pentru că aşa ştim noi să funcţionăm, să vindecăm şi să alinăm cu vorbe bune şi mângâieri delicate.

Tu crezi că poţi să fii feminină în lipsa masculinităţii? Cumva, feminitatea nu îşi amplifică puterea în prezenţa masculinităţii?

Doar dacă nu sunt în aceeaşi persoană!

Cum aşa?

Feminitatea să îţi rămână caracteristică ţie, iar masculinitatea lui, celui pe care îl simţi parte din tine. Să nu inversaţi roluri, ci doar poziţii.

Am fost și eu pe aici.
Și înaintea mea a fost o alta.
Dar, după tine,
să nu mai lași loc de nimeni.

Să cauţi în tine acea parte care te face diferită de restul şi de partea aia să te îngrijeşti cel mai bine. Acolo să pui timpul şi energia ta. Să o preţuieşti ca pe cea mai de preţ comoară.

Şi din comoara ta să îţi oferi ţie în fiecare zi o emoţie frumoasă, dar să ai grijă să pui alta la loc, cel puţin la fel de frumoasă. Iar, în felul ăsta, comoara ta va fi mereu plină şi, indiferent de situaţiile pe care o să ţi le ofere viaţa, tu o să te simţi în orice moment plină de tine. Şi ştii de ce e important asta?

Pentru că atunci când în suflet ţi-e mulţumire şi împlinire, nu te mai simţi singură. Femeile comune fug de singurătate, cât pot ele de repede.

Tu să nu fii comună!
Nu ai varianta asta!
Pentru tine nu există!

Să nu te opreşti lângă bărbatul care te vede comună! Nici măcar o secundă! Să nu-l laşi pe el să te definească şi nici să ajungi să te defineşti tu prin el.

Nu mai da definiţii! Trăieşte pur și simplu!

Să te simţi mereu liberă să îţi iei propriile decizii, să te alegi pe tine şi să laşi viaţa să se întâmple! Fără efort, fără să opui rezistenţă, să accepţi tot ce viaţa vrea să te înveţe! Atunci când observi că începi să pui presiune pe celălalt, opreşte-te şi trage aer în piept şi alege să îi redai liberatatea. Şi dacă în toată libertatea pe care i-o dai şi o are el alege să fie lângă tine, înseamnă că acolo este şi locul lui, pur şi simplu, pentru că aşa simte şi el, şi nu pentru că i-o ceri tu sau pentru a nu te răni.

Bărbatul care o să te iubească o s-o facă liber, fără efort, fără ca tu măcar să i-o ceri. O s-o facă natural, pentru că tot e plin de tine şi pentru că nu mai este loc de o alta. Şi dacă totuşi, după ceva timp, lucrurile se schimbă şi în viaţa lui apare altă femeie, şi nu eşti tot tu aceea, tu să ai capacitatea să înţelegi şi să accepţi că lui aşa îi este mai bine, mai presus de binele tău.

Amândouă femei și, totuși,
atât de diferite.
Tu să nu fii comună!

Ţine-mă de mână şi aminteşte-ţi că:

♥ Fericirea ta nu depinde de oameni, lucruri, locuri sau activităţi, ci doar de emoţiile pozitive pe care ţi le oferă satisfacţia şi împlinirea muncii tale. Aşa că alege-ţi o muncă pe care să o iubeşti!

♥ Tu eşti singura responsabilă de ceea ce trăieşti şi de felul în care te simţi. Aşa că aminteşte-ţi mereu ce anume poţi face diferit ca să schimbi în mai bine prezentul în care eşti!

♥ Felul în care arată în prezent viaţa ta nu este decât un feedback al alegerilor tale. Ce alegeri continui să faci? În ce direcţie te îndrepţi? Te îndepărtezi sau te apropii de tine prin deciziile pe care le iei?

♥ Atunci când te doare sufletul şi îţi vine să plângi, nu există scurtături. Însă există drumuri bătătorite şi luminate!

♥ Toate experienţele au timpul lor necesar pentru învăţare. Ce înveţi din fiecare experienţă?

♥ Viaţa îţi oferă exact lecţiile care îţi sunt potrivite şi nimic nu e întâmplător. Ce faci însă cu lecţiile pe care le primeşti?

- ♥ Oamenii care trebuie să rămână în viaţa ta rămân natural, fără ca tu să faci eforturi supraomeneşti pentru asta; rămân pentru că acolo este locul lor.
- ♥ Oamenii care pleacă din viaţa ta e bine să o facă doar cu experienţele lor şi fără să ia bucăţi din tine. Şi doar de tine va depinde asta! Ai suficient de multă grijă pentru tine? Eşti în siguranţă pentru a rămâne întreagă?
- ♥ Fericirea, la fel ca şi nefericirea, nu este o consecinţă, ci doar simplă alegere. Tu ce alegi?
- ♥ Tu îţi poţi oferi singură tot ceea ce ai nevoie, în orice moment şi în orice context. Poţi? Şi dacă nu poţi, ce faci ca să poţi?

Atunci când simți că nu mai poți,
gândește-te că există
în lumea asta cel puțin o femeie
care a trecut
printr-o situație similară.

Și dacă ea a reușit,
tu ce scuză ai?

Față-n față cu tine! A venit timpul să începi să trăiești!

Începând de astăzi, din acest moment, te provoc să te alegi pe tine, în orice situaţie, chiar dacă toţi ceilalţi nu o mai fac. Fă-ţi o cafea bună, ia-ţi agenda preferată şi stiloul care lasă cerneala să curgă peste gândurile tale.

A venit ziua cea mare! Ziua în care te opreşti din tot ce ai făcut până acum şi începi să te ocupi serios şi de tine. De restul ştiu că te-ai ocupat şi ai făcut-o foarte bine! Însă acum este numai despre tine!

Trage aer în piept, opreşte orice sursă care te-ar putea deranja şi, în paginile care urmează, întoarce-te la tine şi începe să trăieşti! Ia-ţi adio de la cea care ai fost până acum, iartă-te pentru tot ce simţi că merită iertat, îmbrăţişează-te strâns şi ia-te de mână în călătoria redescoperirii tale.

Şi de fiecare dată când viaţa te va mai aduce într-un punct în care ai să simţi că nu mai poţi, întoarce-te la aceste pagini şi ia-o de la capăt! Încă o dată şi încă o dată şi ori de câte ori este nevoie până când o să simţi că eşti fericită şi împlinită, tu cu tine, fără nimeni altcineva!

Eşti gata?
Începem!

Povestea devenirii tale…

AZI E DESPRE TINE
ŞI DESPRE DEVENIREA TA

Ce îţi doreai să devii când erai mică?

Ce îşi doreau ceilalţi să devii?

Ce îţi doreşti să devii acum, când eşti mare?

Ce observi în răspunsurile
pe care le-ai scris mai sus?

Ce ai aflat despre tine?

AZI E DESPRE TOT CE IUBEŞTI TU, DESPRE DORINŢELE TALE ŞI DESPRE SUPERLATIV

Ce iubeşti tu cel mai mult?

Cine sunt oamenii pe care îi iubeşti cel mai mult?

Alături de cine ţi-ai dori să îţi petreci tot restul vieţii?

Dacă toată lumea ar fi fericită cu alegerile şi deciziile tale, ce ţi-ai dori să faci numai pentru tine?

Pe cine suni astăzi doar ca să îi spui „Te iubesc?

Cum arată viaţa ta la superlativ? (*Fii generoasă cu tine! Viaţa ta merită mai mult decât o pagină!*)

AZI E CEL MAI BUN ÎNCEPUT SĂ TE GÂNDEŞTI LA TINE

Ce simţi atunci când te gândeşti la tine?

Ce crezi tu că simt ceilalţi
atunci când se gândesc la tine?

Ce ai vrea să simtă oamenii dragi din viaţa ta atunci când se gândesc la tine?

Ce faci, începând de astăzi, ca să trăieşti o viaţă aşa cum ţi-ai dorit întotdeauna? (*notează paşii de acţiune care te duc mai aproape de viaţa ta ideală)*

AZI E DESPRE CE SIMŢI TU
ŞI DESPRE CE AI VREA SĂ SIMŢI

Care sunt emoţiile pe care le trăieşti cel mai des

Acum ai o baghetă magică şi poţi aduce în viaţa ta numai emoţiile pe care alegi tu să le simţi!
Care sunt?

Ce simţi atunci când îţi observi viaţa din perspectivă detaşată, ca şi cum ai fi regizorul vieţii pe care ai trăit-o până acum?

Fiind regizorul vieţii tale, cum îţi construieşti viaţa din acest moment? *(scrie-ţi scenariul vieţii ideale)*

AZI E DESPRE CE TRĂIEŞTI ŞI DESPE CUM ŢI-AI DORI SĂ ARATE VIAŢA TA

Ia-ţi multe creioane colorate şi în pagina asta desenează-ţi viaţa ideală, aşa cum îţi doreşti tu să trăieşti chiar din acest moment! Şi, da, ai voie să pui mult roz şi să desenezi un soare mare. Şi pe tine fericită în mijloc.

AZI AI VOIE SĂ FII CINE VREI TU SĂ FII
Şi aşa să-ţi fie de acum în fiecare zi!

Cine eşti tu azi?

AZI AI VOIE SĂ GREȘEȘTI
ȘI DE AZI POȚI SĂ GREȘEȘTI
ORI DE CÂTE ORI VREI TU

Pentru ce te ierți profund și pentru totdeauna? Enumeră toate acele situații pentru care vrei să îți oferi iertare și iubire. Acceptă că greșeala nu este ceva negativ și de care să te temi, ci, din contră, ea te poate ajuta să înveți lecții valoroase despre tine.

Acum a venit vremea să devii curajoasă și să îți înfrunți viața. Ce greșeli îți dai voie să faci începând din acest moment? *(Fii generoasă cu tine și dă-ți voie să experimentezi!)*

AZI AI DREPTUL SĂ NU DAI EXPLICAŢII SAU SĂ TE JUSTIFICI DACĂ NU SIMŢI NEVOIA SĂ O FACI

Să-ţi rămâi, înainte de toate, fidelă ţie şi apoi celorlalţi. Pentru că dacă înveţi să fii corectă şi asumată cu tine însăţi, o vei putea face autentic şi în relaţiile cu oamenii dragi din jurul tău.

Pentru care alegeri/decizii ai vrea să nu fii nevoită să dai explicaţii? Cum o să procedezi în acest sens, în aşa fel încât să te pui pe tine pe primul loc şi să fii tu bine şi liniştită?

AZI AI VOIE SĂ SPUI NU

Ce situaţii alegi să refuzi
pentru că nu te simţi confortabil?

Ce decizii alegi să iei, care ţie îţi fac bine
şi pe care ţi le doreşti, indiferent
de reacţiile celor din jurul tău?

AZI AI VOIE SĂ NU MAI FACI PE PLAC NIMĂNUI, DAR EŞTI OBLIGATĂ SĂ ÎŢI FACI ŢIE PE PLAC

Care-s lucrurile/activităţile pe care le-ai vrea pentru sufletul tău, dar pe care le-ai tot amânat?

Când începi să îţi faci timp pentru fiecare dintre aceste lucruri/activităţi care îţi bucură sufletul? Scrie o dată exactă atunci când vei începe! Ia-te în serios!

AZI AI VOIE SĂ ÎNCEPI SĂ-ŢI
CONSTRUIEŞTI PROPRIA POVESTE
FĂRĂ NICIUN FEL DE LIMITARE!

Start la visuri!
Încalcă reguli!
Fă-ţi propriile reguli în funcţie de valorile tale!

Pagina asta este fără reguli, aşa că aici este locul tău secret unde poţi face orice!

Simte-te liberă!
Eşti liberă!

Tu rămâi parte din mine

Dacă ar fi să îţi spun un singur sfat preţios care să îţi fie sursă de putere pentru atunci când o să simţi că toată lumea ta se dărâmă, ţi-aş spune doar atât:

Orice s-ar întâmpla, continuă să mergi înainte că în urmă ştii deja ce ai lăsat!

Dacă, cu bună ştiinţă, alegi să laşi ceva în urma ta, înseamnă că acolo este locul lui. Şi încrede-te în viaţă! Că dacă ea vrea să îţi scoată în cale ceva ce tu ai lăsat voit în urmă, o va facc, natural, fără ca tu să depui eforturi şi să munceşti pentru asta.

Cum o să ştiu, mama, că nu am renunţat la ceva ce mi-ar fi fost de folos mai târziu?

Vezi tu, draga mea, viaţa este curgere. Şi mişcare. Viaţa este evoluţie. Şi transformare. Nu te împotrivi şi nu lupta împotriva curentului. Pentru că sensul de curgere al vieţii, asemenea unui râu, nu i-l poţi tu modifica. Decât dacă construieşti baraje, dar asta-i muncă de bărbat, nu de femeie.

Cu altă ocazie, fata mea, tu să mai ştii că o să fie şi momente în care totul o să înceapă să-ţi devină neclar. O să simţi cum fiecare colţ de suflet ţi se umple de frică şi de confuzie şi atunci o să ţi se pară că nu ştii de unde să te apuci ca să te aduci din nou în viaţa ta frumoasă. Alea-s cele mai preţioase momente. Să nu fugi de ele!

Şi tu le-ai trăit, mama?

Şi eu le-am trăit, fata mea. Dar până să învăţ să o fac, m-au trăit ele pe mine.

Şi cum ai reuşit?

La început, îmi era tare frică de momentele în care în suflet mi se instala din senin tristeţea. Inima începea să îmi bată tare, mintea îmi era plină de gânduri şi filme de copilă începeau să îmi ruleze neîncetat până când simţeam presiune de nesuportat şi lacrimile începeau să îmi curgă pe obraji. Parcă altcineva prelua controlul asupra mea. Nu mă mai simţeam stăpână pe corpul meu şi abia aşteptam să se termine şi să mă întorc în viaţa mea, să redevin eu. Au fost perioade în care starea asta mă iubea atât de tare, încât, dacă nu venea de la sine, măcar o dată pe lună, aveam grijă să o chem eu. Eram dependentă de suferinţă fără ca măcar să îmi pot da seama. Şi, cu fiecare moment, mă închideam tot mai tare în mine, îmi coboram tot mai adânc în suflet şi refuzam să ies de acolo fără să mă dau bătută.

Odată, îmi amintesc că am căzut atât de tare, încât senzaţia aia îmi semăna cu o prăpastie adâncă, rece, îngustă în care eu mă tot duceam în gol fără să ştiu când se termină. Cu lacrimi în ochi, m-am prins de marginea patului şi m-am ţinut cu putere. Pentru că, din momentul ăla, am refuzat să mai cad. Am privit în sus, spre marginea prăpastiei, şi te-am văzut pe tine, fata mea. Pe tine, cea pură şi inocentă, plină de visuri şi de iubire frumoasă pentru oameni. Pe tine, cea care îmi spuneai mereu că tu ai energie şi putere pentru toată lumea şi că nimic niciodată nu o să îţi fie prea greu sau imposibil dacă eu o să te ţin de mână.

Trebuie să-ţi fi fost aşa de greu, mama!

Atunci am aflat că oricât de multe mâini ar fi întinse către mine, dacă eu stau cu mâinile în buzunar, nimeni nu poate să mă ridice. Şi, mai mult decât atât, atunci mi-am dat pentru prima dată mâna singură, eu, mie însămi. Stângace, cu emoţii, mâna mea tremura toată. Însă eu de mâna mea aveam nevoie. În mine îmi lipsea să cred. Eu îmi eram propriul salvator. Şi îmi eram suficientă.

Ahhh, cum se simte asta, mama!

Dar oricât aş încerca să te protejez de durere, n-o s-o pot face. Şi nici nu ţi-ar fi de folos asta! Acum, când toate astea le-am trăit, le-am simţit şi m-am jucat cu ele, am învăţat că durerea nu-i fată rea! Dacă o asculţi şi o iei în braţe, tu o trăieşti pe ea, nu ea te trăieşte pe tine.

Tu să rămâi curajoasă în faţa suferinţei! Să o priveşti în ochi şi să-i zâmbeşti. Să o înţelegi şi să o accepţi. Că şi ea e tot fată! Şi noi, femeile, ne avem unele pe altele şi ne regăsim în fiecare dintre noi, mai mult sau mai puţin, aceleaşi.

Mama, o să-mi fie aşa dor de tine! Mai stai un pic şi ţine-mă de mână! Încă nu-s pregătită să fiu singură!

Draga mea, închide ochii! Ţine-i strâns închişi şi simte-ţi inima cum bate. Şi, cu ochii închişi, închide cartea. Hotărâtă. Aşa, ca o femeie înţeleaptă. Şi apoi deschide-o uşor, trece-ţi degetele fine printre foi şi opreşte-te acolo unde simte inima ta. Apoi, deschide ochii şi citeşte. Tareeee! Cu voce clară şi cu zâmbet de femeie care poate. Şi, în fiecare cuvânt pe care îl rosteşti, să ştii că eu voi fi acolo. În fiecare gând, în fiecare lacrimă şi în fiecare respiraţie tu să simţi cum eu trăiesc prin tine. Te iubesc! Sunt aici! Mereu!

Mama

Viața-i o melodie cântată la pian

Mamă, dintre toate momentele pe care le-am trăit noi împreună, unul mi-e atât de drag, că mi s-a lipit de suflet. De el o să-mi fie cel mai dor. Şi poate că nu ţi-am spus niciodată, dar de fiecare dată când aud întâmplător sau nu Chopin, imaginaţia mă ridică pe aripile ei pure de copilă care am fost şi mă duce în living, lângă pian, acolo unde te găseam în fiecare dimineaţă cântând, desculţă, cu părul despletit, în halatul alb de satin asortat cu zâmbetul tău cel mai frumos.

Coboram repede şi te priveam de departe şi mereu îmi spuneam că atunci când o să mă fac mare, o să fiu ca tine. Apoi, mă apropiam uşor şi mă lipeam fascinată de marginea pianului, pe partea aia unde îţi ţineai mereu ceaşca de cafea. Ceaşca aia, mamă, aia cu noi două! Aşa am crescut eu şi aşa au trecut, mamă, mai bine de 40 de ani! Privindu-te, ascultându-te, visând să fiu ca tine. Elegantă, înţeleaptă, frumoasă, puternică şi atât de rafinată. Pentru tine, nimic nu părea niciodată să fie prea greu sau imposibil.

Ah! De-ai putea, mamă, să-ţi mai aminteşti de mine, de tine, de noi! De-aş putea măcar o clipă să te mai aduc înapoi! Te rog, dă-mi mâna ta blândă şi hai să mergem împreună în living, acolo, lângă pian. Lasă-mă pe mine de data asta să cânt! Tu doar stai acolo şi priveşte-mă! Priveşte-mă, mamă, şi fii mândră de mine ca ultima dată când m-ai luat în braţe şi mi-ai spus că dintre toate fetele pe care putea să ţi le trimită Dumnezeu, El ţi-a dat-o pe cea perfectă! Pe mine, fata ta!

Mamă, priveşte-mă! Sunt eu! Şi promit să scriu şi eu o carte despre tine, femeia care m-a învăţat să fiu femeie şi să o aşez în living, pe pian, acolo unde a rămas mirosul tău şi unde totu-i plin de tine!

Fata ta

Cuprins

BOOKZONE